TRAINING DEUTSCH

Frank Kubitza

Diktat 5.–10. Klasse

mit MP3-CD

STARK

ISBN 978-3-86668-696-0

Inhalt

Autor: Frank Kubitza

Vorwort

Liebe Schülerin, lieber Schüler,

in diesem Buch findest du **150 Diktate** zu allen wichtigen Themen der deutschen **Rechtschreibung** und **Zeichensetzung**. Sie helfen dir dabei deine Schwachstellen gezielt zu üben und deine **Noten** sowohl in Diktaten als auch in Aufsätzen zu **verbessern**.

- Die **Tipps** zum Schreiben von Diktaten verraten dir zunächst, wie du beim Üben zu Hause und „im Ernstfall" in der Schule am besten vorgehst.
- Anhand der **Einstufungsdiktate** kannst du dir dann für jeden Rechtschreibbereich ein passendes **Level** zuordnen und so deinen persönlichen **Trainingsplan** zusammenstellen.
- Bearbeite nun die einzelnen Kapitel zu den **zehn Fehlerschwerpunkten**. Dort werden alle wichtigen **Rechtschreibregeln** jeweils in Wissenskästen zusammengefasst und durch Beispiele veranschaulicht.
- Um das Regelwissen einzuüben, findest du zu den Merkkästen spannende **Diktattexte** in unterschiedlichen **Schwierigkeitsstufen**. Du kannst sie dir alle mithilfe der beiliegenden **MP3-CD** diktieren lassen.
- Im letzten Kapitel kommen die **Rechtschreibbereiche gemischt** vor. Hier kannst du **testen**, wie fit du schon in der Rechtschreibung bist.
- Übe regelmäßig in kleinen Portionen. In der folgenden **Übersicht** können die von dir bearbeiteten Diktate eingetragen werden. So behältst du deinen **Lernfortschritt** immer im Blick:

0 – 5 Fehler: Ausgezeichnet! Das kannst du gut und sicher. Wage dich nun an die Diktate aus dem nächsten Level bzw. Kapitel.

6 – 10 Fehler: Ordentlich! Aber du bist noch nicht ganz sicher. Sieh dir deine Fehler genau an und berichtige sie.

Ab 11 Fehlern: O je! Das musst du noch besser üben. Arbeite das Merkwissen erneut durch und wiederhole das Diktat.

Viel Freude und Erfolg beim Trainieren wünscht dir

Frank Kubitza

Übersicht

	Einstufungsdiktate	Level			
1	Der Vampir – nur eine Legende?	–	☐	☐	☐
2	Die Eiszeit	–	☐	☐	☐
3	Honigbienen	–	☐	☐	☐
4	Wie leben Blinde?	–	☐	☐	☐
5	So ein Schlamassel!	–	☐	☐	☐
6	Das Volk der Indianer	–	☐	☐	☐
7	Frühstück in aller Welt	–	☐	☐	☐
8	Ein katastrophaler Auftritt	–	☐	☐	☐
9	Erste-Hilfe-Kurs	–	☐	☐	☐
10	Die drei durstigen Schildkröten	–	☐	☐	☐

	Groß- und Kleinschreibung	Level			
11	Kaufrausch	•	☐	☐	☐
12	Im Zoo	•	☐	☐	☐
13	So ein Feinschmecker!	•	☐	☐	☐
14	Unser Hirn – ein Farbenmischer	••	☐	☐	☐
15	Ein Frettchen als Haustier	•••	☐	☐	☐
16	Menschliche Rekorde	••	☐	☐	☐
17	Rekorde der Natur	•••	☐	☐	☐
18	Der Verrat	•••	☐	☐	☐
19	Ignaz Semmelweis	•••	☐	☐	☐
20	Sprichwörter und Redensarten	•	☐	☐	☐
21	Auf dem Oktoberfest	••	☐	☐	☐
22	Telefongespräch	•	☐	☐	☐
23	Voll verplant	••	☐	☐	☐
24	Eine E-Mail an die Oma	••	☐	☐	☐
25	Gruppenreise durch Europa	•••	☐	☐	☐
26	Fahrradkauf	•	☐	☐	☐
27	Das ist nicht mein Hund!	••	☐	☐	☐
28	Das Spiel mit dem Ball	•	☐	☐	☐
29	Die versunkene Stadt Atlantis	••	☐	☐	☐
30	Die Hauptstadt von Portugal	•••	☐	☐	☐

Getrennt- und Zusammenschreibung		Level			
31	Die erste Autobahn	•	☐	☐	☐
32	Teure Freizeit	••	☐	☐	☐
33	Jeder hat ein Talent	•	☐	☐	☐
34	Das Navigationsgerät	••	☐	☐	☐
35	Langeweile	•••	☐	☐	☐
36	Die beste Freundin	•	☐	☐	☐
37	Am Geburtstag	••	☐	☐	☐
38	Nie wieder sitzen bleiben!	•••	☐	☐	☐
39	Ordnung muss sein!	•	☐	☐	☐
40	Schönheitswahn	••	☐	☐	☐
41	Blaumachen und schwarzarbeiten	•••	☐	☐	☐
42	Schon wieder versetzt!	•	☐	☐	☐
43	Ärger mit der Lehrerin	••	☐	☐	☐
44	Eine Bergtour	•••	☐	☐	☐
45	Der Steinzeitmensch Ötzi	•	☐	☐	☐
46	Das Eichhörnchen	••	☐	☐	☐
47	Gesunde Ernährung	•••	☐	☐	☐
48	Das Internet	••	☐	☐	☐
49	Die Verhaftung	•••	☐	☐	☐
50	Regenwälder	•••	☐	☐	☐

Dehnung		Level			
51	Aufs Rad gekommen	•	☐	☐	☐
52	Pech gehabt!	••	☐	☐	☐
53	Warum gähnen wir?	•••	☐	☐	☐
54	Neugier kommt vor dem Fall	•	☐	☐	☐
55	Ein misslungener Einbruch	••	☐	☐	☐
56	Werner von Siemens	•••	☐	☐	☐
57	Gärtnern will gelernt sein	••	☐	☐	☐
58	Ein Rezept für Tomatensoße	•	☐	☐	☐
59	Blut – ein ziemlich interessanter Saft	••	☐	☐	☐
60	Das Ende des Königs	•••	☐	☐	☐

	Schärfung	Level			
61	Warum zirpt die Grille?	•			
62	Brillen – damals und heute	••			
63	Samuel Colt und sein Revolver	•••			
64	Wie man sich die Nase putzt	•			
65	Das Trampeltier	••			
66	Pizza mit Hindernissen	•••			
67	Ein Job im Café	••			
68	Stechmücken	•			
69	Wedeltennis	••			
70	Zucker	•••			

	Der s-Laut	Level			
71	Mit allen Sinnen	•			
72	Vorsicht Glas!	•			
73	Milch ist gesund	••			
74	Liebeskummer	•••			
75	Das Flusspferd	•			
76	Das Oppossum	••			
77	Pflaster sind hilfreich	•			
78	Floßfahrt	••			
79	Busfahrt	•••			
80	Lerche oder Eule	•			
81	Blindenhunde	••			
82	Goethes Kindheit	•••			
83	Maikäfer	•			
84	Mit dem Segelboot über den Atlantik	••			
85	Pilze – essbar oder ungenießbar?	•••			

Gleich und ähnlich klingende Konsonanten		Level			
86	Hilflose Vogelkinder	••	☐	☐	☐
87	Max büxt aus	•••	☐	☐	☐
88	Eine Frage des Geschmacks	•••	☐	☐	☐
89	König sein ist lästig	•	☐	☐	☐
90	Der Dieb	•	☐	☐	☐
91	Ausflug in die Berge	••	☐	☐	☐
92	Stadt oder Land	•••	☐	☐	☐
93	Endspurt	•	☐	☐	☐
94	Berufswunsch	••	☐	☐	☐
95	Entsetzlicher Fund	•••	☐	☐	☐

Gleich und ähnlich klingende Vokale		Level			
96	Die Eule	•	☐	☐	☐
97	Kopfläuse	••	☐	☐	☐
98	Der Pandabär	•••	☐	☐	☐
99	Eine heilsame Kur	••	☐	☐	☐
100	Blauäugig	•••	☐	☐	☐

Fremdwörter		Level			
101	Hausaufgaben	•	☐	☐	☐
102	Tanzen	••	☐	☐	☐
103	Kirchenraub	•••	☐	☐	☐
104	Hobbys	•	☐	☐	☐
105	Ein cooler Job	••	☐	☐	☐
106	Brauchen wir englische Wörter?	••	☐	☐	☐
107	Topmanager und Dandy	•••	☐	☐	☐
108	Ein Hotel mit Niveau	••	☐	☐	☐
109	Tour durch Paris	•••	☐	☐	☐
110	Internationaler Tagesablauf	•••	☐	☐	☐

Trennstrich und Bindestrich		Level			
111	Von Knappen und Rittern	•	☐	☐	☐
112	Haare im Wandel der Zeit	••	☐	☐	☐
113	Plätzchen backen	•••	☐	☐	☐
114	Ein toller Urlaub	••	☐	☐	☐
115	Streik der Zugbegleiter	•••	☐	☐	☐

Zeichensetzung		Level			
116	April, April!	•	☐	☐	☐
117	Kleine und große Lügen	••	☐	☐	☐
118	Tolle Freundschaft!	•	☐	☐	☐
119	Zollfahndung	••	☐	☐	☐
120	Ich packe meinen Koffer	•	☐	☐	☐
121	Im Supermarkt	••	☐	☐	☐
122	Ein Urlaub in Bayern	•••	☐	☐	☐
123	Geschwister	•	☐	☐	☐
124	Reiseplanung	••	☐	☐	☐
125	Der Dübel	•	☐	☐	☐
126	Allergie gegen Tiere	••	☐	☐	☐
127	Was ist ein Aufwindkraftwerk?	•	☐	☐	☐
128	Rettung in letzter Sekunde	••	☐	☐	☐
129	Bäume sind wichtig!	•	☐	☐	☐
130	Der Niedergang der Indianer	••	☐	☐	☐
131	Piraten und Freibeuter	•••	☐	☐	☐
132	Warum bebt die Erde in Italien?	•••	☐	☐	☐
133	Wer war Benjamin Franklin?	••	☐	☐	☐
134	Der Nobelpreis	•••	☐	☐	☐
135	Essen und Trinken im Mittelalter	••	☐	☐	☐
136	Chinesisches Neujahr	•••	☐	☐	☐
137	Der Elefantenrüsselfisch	•••	☐	☐	☐
138	Wertvolle Bücher	•	☐	☐	☐
139	Tom Sawyer und die Tante	••	☐	☐	☐
140	Durchgefallen!	•••	☐	☐	☐

Alles in einem Diktat		Level			
141	Waschen ohne Badezimmer	•	☐	☐	☐
142	Ein böser Brief	•	☐	☐	☐
143	Wildtiere in der Stadt	•	☐	☐	☐
144	Hände waschen	••	☐	☐	☐
145	Eine Überraschung im Gewitter	••	☐	☐	☐
146	Die Bananenflanke	••	☐	☐	☐
147	Fleischfressende Pflanzen	•••	☐	☐	☐
148	Pharaonen – Könige oder Götter?	•••	☐	☐	☐
149	Es klappert im Handschuhfach	•••	☐	☐	☐
150	Der Siegeszug des Kugelschreibers	•••	☐	☐	☐

Tipps zum Schreiben von Diktaten

Abwechslungsreich diktieren

Wenn du täglich ein Diktat schreibst, wirst du schnell zum Rechtschreibprofi! Probiere dabei verschiedene **Diktiermethoden** aus, so ist das Lernen kurzweiliger und effektiver.

Hördiktat

Auf der beiliegenden **MP3-CD** findest du alle **150 Diktate** zum Anhören. Es wird **in mehreren Schritten** diktiert:

- Zunächst wird der **gesamte Text** vorgelesen. Schreibe noch nicht mit, sondern konzentriere dich ganz auf das Zuhören und versuche, den **Sinn des Textes** zu erfassen. Am Ende des Diktats ertönt ein **Gong**.
- Der zu diktierende **Satz** wird nun vollständig vorgelesen. Auch hier solltest du noch nicht schreiben. Höre genau zu und präge dir den **Inhalt** und die **Struktur des Satzes** gut ein.
- Dann wird der Satz in **Textportionen** langsam und deutlich vorgelesen. Außer bei den Diktaten zur Zeichensetzung werden alle **Satzzeichen** mitgelesen. Drücke nach dem **Signalton** auf die **Pausetaste** und schreibe den diktierten Textabschnitt auf. Je mehr du schon geübt hast, desto flinker wirst du schreiben und desto kürzere Diktierstopps wirst du brauchen.
- **Satz für Satz** wird der gesamte Text entsprechend diktiert. Wenn du etwas nicht vollständig verstanden hast, lass einfach eine Lücke und schreibe weiter. Mögliche Lücken kannst du später noch schließen.
- Am Ende hörst du dir den **gesamten Diktattext** noch einmal an. Drücke dazu auf die **Wiederholungstaste** und stoppe den Track nach dem ersten **Gong**. Prüfe während der Wiedergabe die **Stimmigkeit** zwischen deinem Text und der Diktiervorlage. Falls du **Lücken** hast, kannst du sie jetzt **ergänzen**.

Dosendiktat

Das Dosendiktat ist sehr gut geeignet, um sich das richtige **Wortbild einzuprägen**. Schreibe Sätze oder eine Reihe von Wörtern auf Papierstreifen und lege sie in eine Dose. Ziehe dann einen Streifen heraus und lies ihn genau durch. Drehe den Streifen um und schreibe den Satz auswendig auf. Anschließend vergleichst du deinen geschriebenen Satz mit dem Streifen und verbesserst falsch geschriebene Wörter. Mache es mit den anderen Streifen ebenso.

Laufdiktat

Beim Laufdiktat legst du den Diktattext in einem anderen Zimmer ab. Gehe in das Zimmer und präge dir einen Satz oder eine Wortgruppe ein, die du dann an deinem Schreibtisch in dein Heft schreibst. Überprüfe zum Schluss, ob du alles richtig geschrieben hast. Auch bei dieser Methode prägst du dir das Wortbild gut ein.

Partnerdiktat

Oft macht es mehr Spaß, zu zweit zu lernen. Du kannst mit einem Freund oder einer Freundin die Rechtschreibung üben, indem ihr euch den Text abwechselnd diktiert. Ihr könnt auch mit einem „**Stop-and-go-Diktat**" üben: Derjenige, der diktiert, kontrolliert während des Schreibens genau, ob der andere alles richtig schreibt. Sieht er einen Fehler, sagt er „stop". Der Schreiber muss nun selbst versuchen, die richtige Schreibung herauszufinden. Ist das Wort richtig verbessert, sagt der Diktierende „go", und es geht weiter mit dem Diktat.
Vielleicht wollt ihr die Diktattexte auch lieber am Computer tippen? Vergesst aber nicht, vorher das Rechtschreibprogramm auszuschalten!

Wichtige Strategien zum Überarbeiten von Diktaten

Egal ob beim Üben zu Hause oder in der Schule, für alle Diktatformen gilt: Überprüfe deinen Text am Ende des Diktats noch einmal gründlich.

Prüfmethoden

Gehe bei der Kontrolle deines Textes systematisch vor, so kannst du mögliche Fehler leichter finden.

- Prüfe, ob jeder **Satz sinnvoll** ist.
  Sind alle Sätze vollständig? Fehlt irgendwo ein Wort?
- Achte auf den **Satzanfang** und das **Satzende**.
  Sind alle Satzanfänge großgeschrieben und alle Satzschlusszeichen gesetzt? Folgt nach einem Doppelpunkt ein vollständiger Satz, schreibst du groß weiter.
- Denke auch an die anderen **Satzzeichen**.
  Hast du alle Kommas gesetzt? Kommt im Text wörtliche Rede vor?
- Lies dein Diktat noch einmal **von hinten nach vorne**.
  So kannst du dich besser auf das einzelne Wort konzentrieren. Hast du auch keine Buchstaben vergessen oder vertauscht?

Rechtschreibstrategien

Überlege bei schwierigen Wörtern, mit welcher Rechtschreibstrategie du die richtige Schreibweise herausfinden kannst.

- Beachte die **Wortendung**.
  Hat das Wort eine typische Endung, die auf ein Nomen hinweist?
  → *Klugheit, Stadion, Eitelkeit, Ergebnis, Freundschaft, Achtung*
- Achte auf **Signalwörter**.
  Deutet ein Artikel, eine Präposition oder ein Pronomen darauf hin, dass es sich um ein Nomen oder eine Nominalisierung handelt?
  → *ein Lächeln, bei Grün, dein Verhalten, etwas Neues*
- Führe die **Artikel-/Begleiterprobe** durch.
  Kannst du einen typischen Nomenbegleiter einfügen?
  → *Mir macht (das) Fußballspielen viel Spaß.*

- **Verlängere** das Wort.
  Kannst du das Wort verlängern, um einzelne Laute am Wort- oder Silbenende besser zu hören?
  → *Feld – Felder, Berg – Berge, herb – herber, häufig – häufiger, Fuß – Füße, Glas – Gläser, Kuh – Kühe*

- Bilde die **Grundform**.
  Von welchem Grundwort lässt sich das Wort ableiten?
  → *er rät – raten, älter – alt, Häuser – Haus, er hofft – hoffen, sie sieht – sehen*

- Achte auf die **Vokallänge**.
  Hörst du einen kurzen oder einen langen Vokal? Doppelkonsonanten folgen in der Regel auf einen kurzen Vokal. Vorsicht bei z und k!
  Der lange i-Laut wird meist mit ie geschrieben.
  → *Kamm, schnell, Tasse, Platz, trocken; Dieb, liegen, schief*

- **Trenne** das Wort **nach Silben**.
  Lässt sich das Wort zerlegen? Das Trennen nach Silben hilft dabei, keine Buchstaben zu vergessen.
  → *ver-raten, Ballett-tänzer, se-hen, ken-nen*

- Suche nach Wörtern aus derselben **Wortfamilie**.
  Kennst du ein verwandtes Wort? Ist ein Wort durch eine besondere Schreibweise gekennzeichnet, dann tritt diese Besonderheit in der Regel in allen Wörtern dieser Familie auf.
  → *Hoffnung – hoffen, Gefühl – fühlen, mühsam – Mühe, Klecks – kleckern, läuten – laut, Lob – loben*

- Führe bei *das* oder *dass* die **Ersatzprobe** durch.
  Kannst du das Wort durch *dies*, *dieses* oder *welches* ersetzen? Falls ja, schreibst du *das*.
  → *Das (Dies) ist das (dieses) Buch, das (welches) wir in der Schule lesen. Ich finde, dass (–) es ein spannendes Buch ist.*

- Achte auf die **Bedeutung**.
  Helfen dir der Sinn der Wörter, der Sinn des Satzes oder der Textzusammenhang?
  → *end-/ent-, fällt/Feld, fiel/viel, ist/isst, Lid/Lied, man/Mann, Saite/Seite, seid/seit, wahr/war, wieder/wider, freisprechen/frei sprechen*

So bekommst du Fehler in den Griff

Nachdem du deinen Diktattext mithilfe der Rechtschreibstrategien gründlich überarbeitet hast, kontrollierst du nun, ob alles richtig ist.

Fehler analysieren und korrigieren

Es ist wichtig, dass du deine Fehler erkennst und korrigierst. Nur so kannst du sie in Zukunft vermeiden.

- Vergleiche jedes **Wort** und jedes **Satzzeichen** genau mit der Vorlage und streiche alle **Fehler** an. Markiere sie am besten **farbig**.
  Beachte: Die in den Diktatvorlagen verwendete Schreibvariante entspricht der Duden-Empfehlung. Manchmal sind auch **andere Schreibweisen** zulässig. Diese sind am Ende des Diktats angegeben.
  Auch für **Zahlen** und **Zahlwörter** gibt es oft mehrere Varianten: In diesem Buch werden nur ein- und zweisilbige Zahlwörter ausgeschrieben – außer es handelt sich um einen Fehlerschwerpunkt, der in den jeweiligen Diktaten besonders geübt werden soll. In diesen Fällen sind auch längere Zahlen in der Buchstabenschreibweise angegeben.
- Sieh dir deine Fehler genau an. Das gilt auch für Prüfungsdiktate, die du von deinem Lehrer korrigiert zurückbekommen hast. Finde heraus, welche Art von Fehler du besonders oft machst. Wenn du deine **typischen Fehler** kennst, kannst du gezielt an deine Schwachstellen arbeiten. Im Buch sind die Schwerpunkte innerhalb der Diktate jeweils durch **Fettdruck** hervorgehoben.
- Berichtige deine Fehler immer **schriftlich**. Wiederhole falsch geschriebene Wörter, indem du sie mehrmals aufschreibst oder auf Karteikarten notierst und regelmäßig übst, bis du keine Fehler mehr machst.

Mit einer Lernkartei üben

Damit du dir schwierige Wörter besser merken kannst, ist eine **Merkwörterkartei** mit drei Abteilungen hilfreich:

- In die erste Abteilung sortierst du alle Wörter ein, die du im Diktat falsch geschrieben hast. Unterstreiche jeweils die schwierigen Stellen im Wort und präge dir die Wortbilder gut ein.

- Lass dir deine Fehlerwörter regelmäßig diktieren. Schreibst du ein Wort richtig, kommt es in die zweite Abteilung. Schreibst du es falsch, dann bleibt es in der ersten Abteilung und wird beim nächsten Mal erneut diktiert.
- Am Ende einer Woche lässt du dir die Wörter aus der zweiten Abteilung noch einmal diktieren. Schreibst du ein Wort richtig, dann kommt es in die dritte Abteilung. Schreibst du es falsch, dann kommt es wieder in die erste Abteilung.

Einstufungsdiktate

Bevor du mit deinem **Rechtschreibtraining** beginnst, solltest du dir einen genauen **Trainingsplan** aufstellen. Finde heraus, wie gut du schon bist: Welche Bereiche der Rechtschreibung beherrschst du bereits sicher? Wo hast du noch Verbesserungsbedarf? Wie ist deine Gesamtleistung?

In diesem Kapitel kannst du dich mithilfe von **Einstufungsdiktaten** zu zehn **Fehlerschwerpunkten** selbst einschätzen und so entscheiden, welches Niveau in den einzelnen Bereichen für dich jeweils besonders geeignet ist:

- Level 1 für **Einsteiger**
- Level 2 für **Geübte**
- Level 3 für **Profis**

Trainingsplan

Lege deinen persönlichen Trainingsplan zur Rechtschreibung fest:

- Führe zu jedem der **zehn Fehlerschwerpunkte** das Einstufungsdiktat durch.
- Zähle deine Fehler pro Diktat und ermittle so dein Level für jeden Fehlerschwerpunkt.
  - 0–5 Fehler → Level 3
  - 6–10 Fehler → Level 2
  - ab 11 Fehlern → Level 1
- Übe dann mit den entsprechenden Diktaten im jeweiligen Kapitel.
- Hast du diese erfolgreich bearbeitet, kannst du zum nächsthöheren Level übergehen.

	Einstufungsdiktate	Fehlerzahl	→ Level
1	Groß- und Kleinschreibung		
2	Getrennt- und Zusammenschreibung		
3	Dehnung		
4	Schärfung		
5	Der s-Laut		
6	Gleich und ähnlich klingende Konsonanten		
7	Gleich und ähnlich klingende Vokale		
8	Fremdwörter		
9	Trennstrich und Bindestrich		
10	Zeichensetzung		

Groß- und Kleinschreibung

Diktat 1 Der Vampir* – nur eine Legende?

Vampire sind etwas **Rätselhaftes:** | **Sie** sind unsterblich | und können **Tausende**** **Jahre** alt werden. | Die **Helligkeit** am frühen **Morgen** | wird ihnen jedoch zum **Verhängnis.** | Auch das **Durchbohren** ihres **Herzens** | mit einer **Spitze** überleben sie nicht. | Diese **Wesen** ernähren sich | durch das **Saugen** von **Blut.** | Die **meisten**** verabscheuen **Knoblauch aufs Ärgste****, | **viele**** fürchten auch ein **Kreuz.** |

Der berühmteste **Blutsauger** | ist zugleich der **grausamste:** | **Es** ist **Graf Dracula***. | Während er von **morgens** bis zum späten **Abend** | in einer **Holzkiste** schläft, | beginnt er **nachts** um **Punkt zwölf** | seine **Suche** nach frischem Blut. |

Mein **Lieblingsfilm** trägt den **Titel** | „**Der Schatten** der Vampire“. | Er ist in **englischer,** | **amerikanischer** und **Luxemburger Zusammenarbeit** entstanden. | Beim **Zuschauen** wird mir immer ein **bisschen angst,** | aber **trotz** dieser **Tatsache** | finde ich **Horrorfilme spitze.** | Man braucht ja im **Grunde** keine **Angst** haben, | denn Vampire sind **alle** nur eine **Erfindung.** | Oder glauben **Sie,** | dass es sie in **Wahrheit** gibt? | Was ist **Ihre Meinung**?

150 Wörter

* *Die Schreibung sollte vorgegeben werden.*
** *Auch möglich: tausende; aufs ärgste; die Meisten, Viele (bei besonderer Betonung).*

Groß- und Kleinschreibung	Fehlerzahl
Satzanfänge, Titel, Überschriften	
Nomen, Nominalisierungen, Eigennamen	
Anredepronomen	
Kleingeschriebene Wörter	
Sonstige Fehler	
Fehler insgesamt	

Getrennt- und Zusammenschreibung

Diktat 2 Die Eiszeit

Alles ist **schneeweiß**. | **Riesengroße** Gletscher bedecken die Erde. | Es herrschen **klirrend kalte** Temperaturen. | Der Himmel ist **graublau** und **wolkenverhangen**. | Die **Steinzeitmenschen** schleppen sich | **dick eingehüllt** durch den **Schneesturm**. |

Diese Vorstellung darf man **fallenlassen**. | Denn in der über **Jahrmillionen andauernden Eiszeit** | war es nicht **pausenlos bitterkalt**. | **Vor allem** gab es auch **eisfreie** Gebiete, | **jedenfalls** in den **Sommermonaten**. |

Die Menschen **gingen jagen**, | **sobald** es das Wetter **zuließ**. | **Infolge** der Entdeckung des Feuers wurde das Fleisch | über der **offen lodernden*** Flamme **zubereitet**. | Aus dem Fell der **Wildtiere** | konnten sie **Kleidung nähen** oder **Zelte fertigen**. |

Darüber hinaus waren sie | **technisch-handwerklich überaus** begabt. | Aus **Feuerstein** und **Tierknochen** | wurden **Werkzeuge hergestellt**. | Auch im **Holzschnitzen** waren sie geschickt. | Sogar **wohlklingende*** Flöten | konnten sie aus **Holz schnitzen** | und damit **Musik machen**. |

Daher kann man **schlussfolgern:** | Ihr **Dasein** war **gar kein** | **fortwährender Überlebenskampf**, | sondern die Menschen konnten auch | **zufrieden sein** und **Spaß haben**. | Würdet ihr eure Vorfahren nicht auch gern **kennenlernen*** | und ihnen beim **Flötenspielen** lauschen?

157 Wörter

* *Auch möglich: offenlodernden; wohl klingende; kennen lernen.*
Im Text ist jeweils die Duden-Empfehlung angegeben.

Getrennt- und Zusammenschreibung	Fehlerzahl
Getrenntschreibung	
Zusammenschreibung	
Sonstige Fehler	
Fehler insgesamt	

Dehnung

Diktat 3 Honigbienen

Bienen lieben die Hohlräume in Bäumen. | Imker **bemühen** sich deshalb, | mit **ihren Bienenwohnungen** | **diese** natürlichen **Nisthöhlen** zu **imitieren**, | denn nur wenn sich die Bienen **wohlfühlen**, | **produzieren sie** auch Honig. |

Pro **Jahr** bringt ein Volk | **annähernd** zwanzig Kilogramm | von **diesem** süßen Saft auf die **Waage**. | Das ist **ziemlich viel**, | aber **schließlich** sind **wir** Deutsche | **wahre** Weltmeister im **Honigverzehr**. |

Vorher müssen die Imker den Honig | aber erst aus den **Bienenstöcken entnehmen**. | Dabei **riskieren** sie immer **wieder** Stiche. | Doch meist sind die **Tierchen** | **zahm** und **ungefährlich**, | zumindest wenn die Königin **friedlich** ist. | Deren Verhalten **spiegelt** sich nämlich | auch in **ihrem** Volk **wider**. |

Auch wenn man **dies vielleicht** nicht vermutet, | lassen sich Bienen **sehr** gut | in der Stadt **ansiedeln**. | Sie können dort ein **vielfältiges** Angebot | an **Nahrung anfliegen**. | Dazu **zählen** zum **Beispiel** | die **Beete** in Kleingärten, | die Pflanzen auf **Friedhöfen**, | **blühende Wiesen** in Parks | und begrünte Dächer.

143 Wörter

Dehnung	Fehlerzahl
Dehnung mit h / silbentrennendes h	
Dehnung mit ie / ieh	
Langer i-Laut mit einfachem i	
Dehnung durch Vokalverdoppelung	
Sonstige Fehler	
Fehler insgesamt	

Schärfung

Diktat 4 Wie leben Blinde?

Wenn es im **Treppenhaus** | **plötzlich völlig** finster wird, | **erschrickt** man und **drückt schnell** den Lichtschalter. | Für blinde Menschen ist es **allerdings immer** dunkel. | **Kannst** du dir das **vorstellen**? |

Trotzdem sind Blinde **keinesfalls** vom Leben **ausgeschlossen**, | sie **schaffen** fast **alles**, was sie **wollen**. | Zum **Glück** ist die Natur **geschickt:** | **Fällt** ein **Sinn** aus, | wird er durch die anderen | so gut wie möglich **ersetzt**. | Deshalb **können** Blinde **besser** riechen, | **schmecken** und hören. |

Ihr Gehör ist **eindrucksvoll**, | und eine **Bäckerei** oder **Metzgerei** | **erkennen** sie am Duft. | Von großem **Nutzen** sind | im **Alltag** auch die Hände. | Blinde **benutzen** sie, um zu lesen. | Damit **entziffern** sie eine **spezielle** Blindenschrift. |

Es gibt auch praktische **Hilfsmittel:** | Ein **Blindenstock** hilft, | **Hindernisse** zu bemerken. | **Mittels** eines **bestimmten** Gerätes, | das über einen **Akku** betrieben wird, | **lassen** sich auch leicht Farben **bestimmen**. | Man **muss** es nur an die **Socken**, | den **Pulli** oder das **Sakko** halten, | und schon findet man **passende Kleidungsstücke**.

150 Wörter

Schärfung	Fehlerzahl
Doppelkonsonant	
Schärfung durch ck / tz	
Fremdwörter mit kk / zz	
Sonstige Fehler	
Fehler insgesamt	

Der s-Laut

Diktat 5 So ein Schlamassel!

Neulich **leisteten** wir **uns** eine **Reise** nach **Hessen**, | um dort zu wandern. | **Das** Wetter war ziemlich **mies**, | doch **das störte** uns nicht. |

Zu meinem **Verdruss ließ sich** | mein Vater dazu **hinreißen**, | den Wanderweg zu **verlassen**. | Er **sagte**, | **dass das** viel mehr **Spaß** machen würde, | **als Wegweisern** zu folgen. |

Durch den **unablässigen Nieselregen** | waren wir alle bald | **bis** auf die **Unterhose durchnässt**. | **Das** machte mich echt **rasend**! | **Außerdem** fanden wir nicht mehr zurück | und keiner **besaß** einen **Kompass**. |

Rastlos irrten wir umher. | Meine **Füße** fühlten sich an wie **Eisklumpen**. | Da **standen** wir plötzlich an einem **reißenden Fluss**. | Meine Mutter wurde **blass**. | **Das hieß**, **dass** wir umkehren **mussten**. | Doch wohin? |

Mir **schoss** eine alte **Pfadfinderweisheit** | durch den Kopf: | Weil der Wind **meist aus Westen bläst**, | **sind** die Bäume an **dieser Seite** | mit **Moos bewachsen**. |

Nun **wussten** wir die richtige Richtung. | Bald hörte man ein **leises** Rauschen, | **das** von den **Autos** auf der **Landstraße** kam. | **Das** bedeutete, **dass** wir gerettet waren!

158 Wörter

Der s-Laut	Fehlerzahl
Wörter mit s	
Wörter mit ß	
Wörter mit ss	
das / dass	
Fehler insgesamt	

Gleich und ähnlich klingende Konsonanten

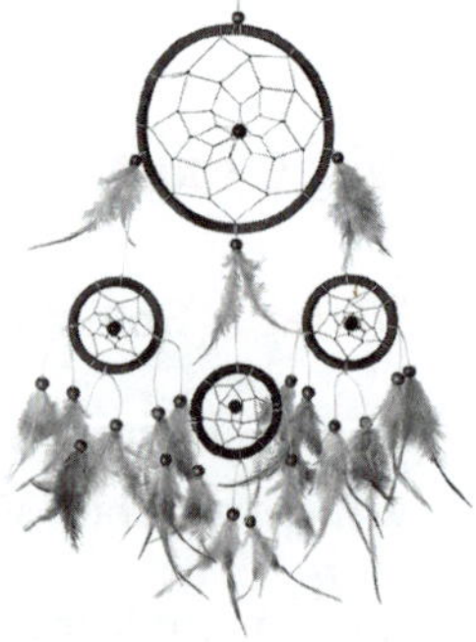

Diktat 6 Das Volk der Indianer

Schon lange **Zeit vor** der **Entdeckung** Amerikas | **lebten dort verschiedene** Indianerstämme. | Sie **durchquerten friedlich** das **Land**. |

Doch die weißen **Siedler entfesselten** einen **Krieg** | gegen das **Volk** der Indianer. | Man wollte sie **enteignen** | und **gewaltsam** aus ihrem **Gebiet vertreiben**. | Die Indianer **verteidigten** sich mit Pfeil und Bogen | oder der **Axt** in der **Hand**. | Aber es war **vergeblich**, | denn der **Feind** kämpfte mit **Revolver** und Gewehr. | **Viele** fanden den **Tod**. |

Im **Unterschied** zu den Einwanderern | war den Indianern die Natur **heilig**. | Sie **würdigten** das Erbe ihrer **Vorfahren** | und gingen **respektvoll** damit um. | Eine **vorbildliche Philosophie**! |

Büffel waren als **Nahrungsquelle wichtig**. | Die Indianer **erlegten** das **Rind** aber nur, | wenn sie es **dringend benötigten**. | Die Weißen **allerdings** machten auch | **völlig** ohne **Grund Jagd** auf Büffel. | Es **gab** sogar eine **Phase**, | in der sie die Tiere zum **Zeitvertreib** | aus dem fahrenden **Zug** abschossen | und einfach **tot** liegen ließen. |

Erst **viel** zu **spät** hat man sich **endlich** | bei den **Verwandten** der indianischen Ureinwohner **entschuldigt**. | Heute **gibt** es nur noch wenige Stämme, | die in **Reservaten** leben.

169 Wörter

Gleich / ähnlich klingende Konsonanten	Fehlerzahl
f-Laut / x-Laut / w-Laut, qu	
Auslautverhärtung (b / p, g / k, d / t / dt)	
Gleich klingende Silben / Wörter (-ig / -lich, end- / ent, Tod / tot)	
Sonstige Fehler	
Fehler insgesamt	

Gleich und ähnlich klingende Vokale

Diktat 7 Frühstück in aller Welt

Beim täglichen Frühstück **unterscheiden** sich | die **Gewohnheiten recht deutlich**. | In afrikanischen **Ländern bereitet** man **häufig** | **einen sättigenden Brei** aus **Maismehl** zu. |

In japanischen **Kreisen** | **verspeist** man morgens warmen **Reis** – | **selbstverständlich** mit **Stäbchen**. | Daneben ist **Haifischsuppe äußerst begehrt**. | Zum **englischen** Frühstück **zählen** Würstchen, | **geräucherter Speck** und **Haferbrei**. | Auch **Eier** und Bohnen dürfen | **bei** dieser **deftigen Mahlzeit** nicht **ausbleiben**. |

Unsere schwedischen **Freunde** | **läuten** den **neuen** Tag mit **Knäckebrot ein**. | Müsli mit **Getreideflocken** | und **säuerlicher** Milch sind ebenfalls **verbreitet**. | In Spanien **greift** man an **Wochenenden** | oder **Feiertagen** zu **fettigem Schmalzgebäck**. | **Während** der Woche **fällt** das Frühstück | jedoch **teilweise spärlich** aus. |

Wir **Deutsche schneiden** uns **meist eine Scheibe** | von **einem kernigen Laib** Brot ab | und belegen sie **reichlich**. | Dazu trinken wir **sehr gern Fruchtsäfte**. |

Der **Anteil** der **Europäer**, | die morgens das Frühstück **verweigern**, | **beläuft** sich **derzeit** | auf **ungefähr dreißig** Prozent. | **Dabei weiß** doch jeder, | dass man wie **ein Kaiser** frühstücken sollte!

147 Wörter

Gleich / ähnlich klingende Vokale	Fehlerzahl
Wörter mit ä oder e	
Wörter mit äu oder eu	
Wörter mit ai oder ei	
Sonstige Fehler	
Fehler insgesamt	

Fremdwörter

Diktat 8 Ein katastrophaler Auftritt

Ich hatte die **Chance**, | eine **attraktive Position** | in einem **internationalen Team** | junger **Grafikdesigner*** zu bekommen. | Also ließ ich **Bewerbungsfotos*** machen | und kaufte mir ein **stilvolles Jackett** | für **circa*** 150 Euro. |

Das Bewerbungsgespräch wurde vom **Chef** persönlich geführt, | und zwar im **Restaurant** eines **niveauvollen Hotels**. | Es gab dort sogar einen **Saxofonspieler***, | der die Gäste in der **Lobby** unterhielt. |

Zunächst bestellte jeder einen **Softdrink***. | Dann holten wir uns etwas vom **Buffet:** | Er entschied sich für ein **Steak** mit **Kartoffelgratin**, | ich nahm **Spaghetti***. | Beim Essen zeigte ich mich **engagiert** | und versuchte, | ihn von meinem **Potenzial*** zu überzeugen. | Eine ziemlich stressige **Situation**! | Doch die **Chemie** schien zu stimmen | und er stellte nur **faire** Fragen. |

Auf der Heimfahrt war ich richtig **euphorisch**. | Dann entdeckte ich allerdings die **Misere:** | Mein **komplettes Sakko** war mit **Soße*** bespritzt. | Wie peinlich! |

Am Ende habe ich den **coolen Job** trotzdem bekommen.

141 Wörter

* *Hier sind auch andere Schreibweisen möglich: Graphikdesigne; Bewerbungsphotos; zirka; Saxophonspieler; Soft Drink; Spagetti; Potential; Sauce.*
Im Text ist jeweils die Duden-Empfehlung angegeben.

Fremdwörter	Fehlerzahl
Lateinische und griechische Fremdwörter	
Englische Fremdwörter	
Französische Fremdwörter	
Sonstige Fehler	
Fehler insgesamt	

Trennstrich und Bindestrich

Diktat 9 Erste-Hilfe-Kurs

Wenn man einen **Kfz-Führerschein** macht, | muss man einen **Erste-Hilfe-Kurs** nachweisen. | Für **Motorrad-** und **Pkw*-Fahrer** | reicht ein Grundkurs, | für den **Lkw*-** und **Busführerschein** muss ein Kurs | mit mehr **Stoff-Fülle*** belegt werden. |

Aber auch für den Erwerb | von **Boots-** und **Pilotenschein**, | für **Übungs-** und **Jugendleiter** | oder für **Medizin-** und **Lehramtsstudenten** | ist ein solcher Nachweis erforderlich. |

In **90-minütigen*** Einheiten lernt man, | was bei **Herz-Kreislauf-Störungen** zu tun ist | und wie man eine **Mund-zu-Mund-Beatmung** durchführt. | Man erhält auch einen Überblick | über die verschiedenen **Verbandarten** und **-techniken**. |

Daneben wird gezeigt, | wie man sich in folgenden Notfällen verhält: |

- Kopf|ver|let|zung |
- Übel|keit |
- Al|ler|gie|schock* |
- Ver|bren|nun|gen |
- Er|sti|ckungs|an|fall

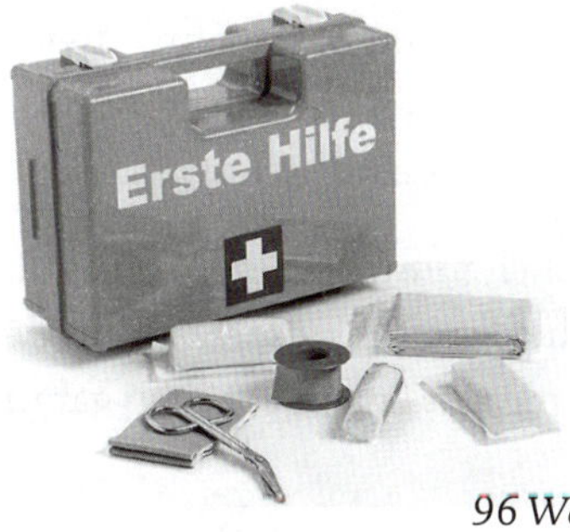

96 Wörter

* *Hier sind auch andere Schreibweisen und Trennungen möglich: PKW; LKW; Stofffülle; neunzigminütigen; All|er|gie|schock*

Hinweis: Der Text wird erst ganz **normal diktiert**. Im Anschluss sollen in den letzten fünf Wörtern die **Trennstriche eingezeichnet** werden.

Trennstrich und Bindestrich	Fehlerzahl
Bindestrich / Ergänzungsstrich	
Trennungen	
Sonstige Fehler	
Fehler insgesamt	

Zeichensetzung

Diktat 10 Die drei durstigen Schildkröten

Drei Schildkröten sind auf der Suche nach Wasser, | **denn** sie plagt mächtiger Durst. | Sie laufen sehr lang, | **nämlich** ganze drei Jahre, | **bis** sie endlich einen Bach erreichen. |

Vor Freude strahlend(,) stürzen sich | die ersten beiden Schildkröten auf das Wasser, | **um** davon zu trinken. | **Als** sie gerade einen | großen, kräftigen Schluck nehmen wollen, | bemerkt die dritte Schildkröte, | **dass** sie ihre Trinkbecher vergessen haben. |

„Das ist doch egal!“, | meinen die anderen. | „Habt ihr denn gar keinen Anstand?“, | empört sich die dritte Schildkröte **und** befiehlt: | „Ihr wartet hier, | **während** ich zurücklaufe | **und** unsere Becher hole!“ |

Verärgert, **aber** gehorsam | setzen sich die beiden also auf einen Stein | **und** warten ein Jahr, zwei Jahre, drei Jahre. | Die eine Schildkröte, vor Durst fast sterbend, | hält es nicht mehr aus. | Sie sieht keinen **Grund**, | noch länger zu warten, | **und** geht wankend zum Wasser. |

Plötzlich nimmt sie ein Geräusch, | **das** von hinten kommt, wahr. | Es ist die dritte Schildkröte, | **die** aus dem Busch kriecht **und** ruft: | „**Wenn** ihr schummelt, | dann gehe ich gar nicht erst los!“

168 Wörter

Hinweis: Die **Satzzeichen** werden **nicht diktiert**.

Zeichensetzung	Fehlerzahl
Satzschlusszeichen	
Satzzeichen der wörtlichen Rede	
Kommas	
Sonstige Fehler	
Fehler insgesamt	

Groß- und Kleinschreibung

Die **Groß- und Kleinschreibung** im Deutschen ist etwas Besonderes. Im Englischen werden beispielsweise nur Eigennamen und Satzanfänge großgeschrieben, auch im Französischen oder Spanischen ist das so. Im Deutschen schreibt man dagegen mehrere Wörter **groß:**

- das **erste Wort** in einem Satz oder einer Überschrift
- alle **Nomen** und im Text **als Nomen verwendete Wörter**
- **Eigennamen**
- die **höflichen Anredepronomen**

Auch wenn die Regeln zur Groß- und Kleinschreibung im Deutschen schwieriger sind als in anderen Sprachen, so sind sie doch **hilfreich**. Großgeschriebene Nomen sind in einem Text zum Beispiel leichter zu erkennen. Dadurch ist der Text deutlicher **strukturiert** und der Leser kann ihn **schneller erfassen**.

Satzanfänge, Überschriften und Titel

- Das **erste Wort in einem Satz** schreibt man immer **groß.**
  → *Wir gehen ins Kino. Kommst du mit? Der Film soll großartig sein!*
- Folgt nach einem **Doppelpunkt** ein **vollständiger Satz**, schreibt man auch hier das erste Wort **groß.**
  → *Er hat nur einen Wunsch: Er möchte schnell wieder gesund werden.*
  aber: Sie hat teure Wünsche: ein schickes Auto, eine Jacht und ein Pferd.
- Auch das erste Wort einer **Überschrift** oder eines **Titels** wird **großgeschrieben**.
  → *Dreister Dieb geschnappt*
  Die Verfilmung des Romans „Der Herr der Ringe" war ein großer Erfolg.

Diktat 11 Kaufrausch

LEVEL 1

In unserer Stadt hat ein neues Kaufhaus eröffnet. | **Gleich** am Eingang sind Süßigkeiten aufgebaut. | **Wer** kann daran vorbeigehen? | **Man** muss einfach zugreifen! |

Im ersten Stock gibt es Schreibwaren: | **jede** Menge Hefte, | bunte Stifte und alles, | was der Schüler sonst noch so braucht. | **Daneben** kommen Leseratten auf ihre Kosten: | **Viele** Bücher und Zeitungen warten auf Käufer. | **Auch** mein Lieblingsbuch | „**Die** Nacht der Wale" ist dabei. |

Bei den Zeitschriften macht mich die Überschrift | „**Singen** Wale wirklich Lieder?" neugierig. | **Dieses** Tierheft muss ich haben! | **Doch** reicht mein Taschengeld? | **Ich** zähle nach: | **Sogar** einen Lutscher | kann ich mir dann noch leisten.

98 Wörter

Nomen

Alle Nomen werden **großgeschrieben**. Wenn du dir unsicher bist, ob ein Wort ein Nomen ist, helfen dir bestimmte **Erkennungszeichen:**

- Viele Nomen erkennt man an ihren **typischen Endungen**.
  → *Frei**heit**, Stadi**on**, Heiter**keit**, Zeug**nis**, Herr**schaft**, Alter**tum**, Mahn**ung***

- Nomen werden meist von anderen Wörtern **begleitet**, zum Beispiel:
  → **Artikel:**
  ***das** Pferd, **der** Wagen, **die** Hoffnung, **eine** Ente, **ein** Baum*

  → **Präposition** (häufig mit einem Artikel verschmolzen):
  ***mit** Liebe, **ohne** Grund, **ins** (in das) Kino, **am** (an dem) Bahnsteig*

  → **Demonstrativpronomen** (hinweisende Fürwörter):
  ***dieses** Kind, **jener** Abend*

  → **Possessivpronomen** (besitzanzeigende Fürwörter):
  ***mein** Traum, **sein** Auto, **unsere** Freude*

  → **Indefinitpronomen** (unbestimmte Mengenangaben):
  ***alle** Bücher, **etwas** Salz, **jeder** Platz, **kein** Geld, **viel** Lob, **wenig** Ärger*

- Wenn ein Nomen keinen Begleiter hat, hilft dir die **Begleiterprobe** weiter.
  → *Das macht Spaß! – Das macht **einen/keinen/etwas/viel** Spaß.*

Diktat 12 Im Zoo

LEVEL 1

Zur **Verwunderung** des **Pflegers** | dauerte es eine **Ewigkeit**, | bis die vielen **Affen** zur **Fütterung** | von den **Bäumen** kletterten. | Mitten im **Wachstum** brauchen die **Jungtiere** | eigentlich **Unmengen** an **Nahrung**. | Doch alle **Lockversuche** waren vergeblich, | obwohl der **Mann** wirklich jeden **Trick** probierte. |

Die **Wartezeit** war eine **Zumutung**! | Ohne **Grund** wollte mein **Vater** nicht länger bleiben. | Er hatte keine **Lust** mehr und ging weiter. | Ich bekam zwar **Ärger**, | blieb aber aus **Sturheit**. | Man braucht eben **Geduld**! |

Bald erhielt ich die **Belohnung** | für meine **Ausdauer**. | Ein **Sack** mit **Bananen** zeigte **Wirkung**. | **Affen** lieben dieses **Obst**, | das ist ja keine neue **Erkenntnis**!

97 Wörter

Nominalisierung

Wörter, die keine Nomen sind, schreibt man normalerweise klein. Sie können aber auch **nominalisiert** sein. Dann werden sie **wie Nomen verwendet** und **großgeschrieben**. Das erkennst du in der Regel an den typischen **Begleitwörtern von Nomen** (Artikel, Präposition, Pronomen).

- **Adjektive** können als Nomen gebraucht werden.
  → *der **Erste**, das **Letzte**, bei **Rot**, im **Warmen**, auf **Englisch**, dieses **Blau**, alles **Gute**, etwas **Wichtiges**, nichts **Neues**, viel **Lustiges**, wenig **Schönes***
- **Verben** können ebenfalls in nominalisierter Form vorkommen.
  → *das **Singen**, ein **Räuspern**, beim **Arbeiten**, im **Fallen**, zum **Lesen**, dieses **Lächeln**, dein **Strahlen**, manches **Bitten**, kein **Jammern***
- Aber auch **andere Wortarten** wie Adverbien, Präpositionen und Konjunktionen können **nominalisiert** werden.
  → *im **Hier** und **Jetzt**, ein ständiges **Auf** und **Ab**, ohne **Wenn** und **Aber***

Diktat 13 So ein Feinschmecker!

LEVEL 1

Die Familie war unter fröhlichem **Lachen** | beim **Essen** versammelt. | Hund Momo hatte ein **Flehen** in den Augen. | Erst nach **Beenden** der Mahlzeit | bekam er als **Letzter** sein **Fressen**. |

Tom hätte gern etwas **Essbares** fallen lassen, | doch Papa setzte schon zum **Schimpfen** an. | Mit einem lauten **Pfeifen** warnte er den Hund. |

Erst neulich hatte Momo | einen Schinken im **Ganzen** verdrückt. | Toms Mutter hatte ihn zum **Kochen** | neben den Herd gelegt. | Als sie kurz zum **Telefonieren** ging, | hörte sie aus der Küche ein lautes **Schmatzen**. | Danach konnte sie nur noch | das **Verschwinden** des Schinkens feststellen. |

Momo war nicht der **Dümmste**!

98 Wörter

Diktat 14 Unser Hirn – ein Farbenmischer

LEVEL 2

Die Welt ist bunt, | das ist nichts **Neues**. | Aber nur **Kluge** wissen, | dass es das **Blau** deiner Schultasche | gar nicht wirklich gibt. | Denn beim **Sehen** von Farben | ist unser Gehirn schwer am **Arbeiten**. |

Das **Weiß** des Sonnenlichts ist eine Mischung | aus drei verschieden langen Farbwellen: | Sie sind blau, rot und grün. |

Beim **Auftreffen** dieser Wellen | auf die unterschiedlichen Gegenstände | passiert etwas **Merkwürdiges:** | Manche Wellen werden verschluckt, | andere strahlen in unsere Augen zurück. | Das **Verhalten** der **Strahlen** | hängt von der Oberfläche ab, | auf die sie treffen. |

Dann geht es ans **Mischen** der Farben. | Das Gehirn macht nämlich | aus den drei Ausgangsfarben etwas **Wunderschönes:** | zum Beispiel ein tiefes **Wasserblau** | oder ein leuchtendes **Hellgelb**.

111 Wörter

Diktat 15 Ein Frettchen als Haustier

LEVEL 3

Ein Frettchen als Haustier zu haben | ist etwas **Besonderes**. | Das **Halten** der Tiere ist gar nicht so schwer. | Das **Gute** an ihnen ist: | Sie werden schnell zahm. |

Das **Für** und **Wider** der Anschaffung | sollte aber gut überlegt werden. | Denn es ist nichts **Ungewöhnliches**, | wenn ein Frettchen zehn Jahre alt wird. | Auch das ganze **Drum** und **Dran** der Pflege | darf nicht unterschätzt werden. | Man muss sich ohne **Wenn** und **Aber** | täglich um die Tiere kümmern. |

Falls es im Rahmen des **Möglichen** ist, | sollte man zwei Frettchen halten. | Das **Herumtollen** und **Spielen** zu zweit | mögen sie sehr gern. | Das freie **Laufen** in der Wohnung | ist bestens geeignet für diese neugierigen Tiere. | Aber Vorsicht: | Des **Öfteren** verstecken sie sich in offenen Schränken.

119 Wörter

Besonderheiten bei der Nominalisierung von Adjektiven

- Adjektive schreibt man **trotz Begleitwort klein**, wenn sie sich auf ein vorhergehendes oder nachstehendes **Nomen beziehen**.
  → *Das rote ist mein Auto.* *aber: Das Rot gefällt mir gut.*
  Von den Entwürfen ist das der beste. *Max will immer der Beste sein.*
- Die Steigerungsform **am + Superlativ** schreibt man **klein**, wenn man sie mit **wie?** erfragen kann. Dann lässt sich **am** auch nicht zu **an dem** auflösen.
  → *In der Schule fällt Lisa Mathematik am leichtesten. (→ wie?)*
  aber: In Deutsch scheitert sie jedoch schon am (an dem) Leichtesten.
- In festen Wendungen aus **aufs + Superlativ**, die sich mit **wie?** erfragen lassen, kann das Adjektiv **groß-** oder **kleingeschrieben** werden.
  → *Er hat sein Zimmer aufs Schlimmste/schlimmste verwüstet. (→ wie?)*
  aber: Wir sind aufs Schlimmste gefasst. (→ worauf?)
- Auch in einigen anderen Wendungen aus **Präposition** und **gebeugtem Adjektiv** kann sowohl **groß-** als auch **kleingeschrieben** werden.
  → *seit Langem/langem, von Neuen/neuem, bei Weitem/weitem*

Diktat 16 Menschliche Rekorde

LEVEL 2

Daniel Browning Smith* ist **aufs Äußerste**** biegsam: | Problemlos kann er seinen Körper | durch einen unbespannten Tennisschläger zwängen. | Von all seinen Kunststücken | fällt es ihm **am leichtesten**, | seinen Rumpf um 180 Grad zu drehen. | Unter den Schlangenmenschen ist er **der beste**. |

Am dehnbarsten ist die Haut von Garry Turner*: | Er kann sich die Haut seines Halses | bis über den Mund ziehen. | **Von Nahem**** kann sein Kunststück | einen Zuschauer **aufs Schlimmste**** erschrecken. |

Beim Rülpsen ist Paul Hunn* **der Lauteste**. | Wenn man dicht neben ihm steht, | könnte das Gehör **aufs Schwerste**** geschädigt werden. | Es stimmt jedoch nicht, | dass es dem Briten bei der Höflichkeit | **am Grundsätzlichsten** mangelt: | Er rülpst lediglich bei Wettbewerben.

109 Wörter

* *Die Schreibung sollte vorgegeben werden.*

** *Hier sind auch andere Schreibweisen möglich: aufs äußerste; von nahem; aufs schlimmste; aufs schwerste. Im Text ist jeweils die Duden-Empfehlung angegeben.*

Diktat 17 Rekorde der Natur

LEVEL 3

Der **größte** Wasserfall der Erde liegt in Venezuela*. | Mit knapp tausend Metern | ist er eindeutig **der höchste**. | Hier könnte man **aufs Schönste**** duschen, | wäre der Wasserdruck nicht **bei Weitem**** zu hoch. |

Die **längste** Höhle der Welt | ist für Abenteurer **das Größte**. | Sie ist 600 Kilometer lang | und liegt in den USA. | Man sollte sich nur in die Höhle wagen, | wenn man **aufs Beste**** vorbereitet ist. | Von den Möglichkeiten, | sie zu erforschen, | ist wohl eine geführte Tour **die sicherste**. |

Der **tiefste** See der Erde | ist der Baikalsee* in Sibirien. | Sein Name bedeutet „reicher See", | denn er ist gleichzeitig **der wasserreichste**. | Mit über 25 Millionen Jahren | ist er auch **am ältesten**. |

Welcher Fluss **der längste** ist, | darüber streiten sich die Wissenschaftler. | Der Nil* ist **am längsten**, | doch auch der Amazonas* wird immer wieder genannt. | Wie lang ein Fluss ist, | hängt von seiner Quelle ab. | Die Quelle, die **am weitesten** | von der Mündung entfernt ist, | gilt als die **entscheidende**.

156 Wörter

* *Die Schreibung sollte vorgegeben werden.*
** *Hier sind auch andere Schreibweisen möglich: aufs schönste; bei weitem; aufs beste. Im Text ist jeweils die Duden-Empfehlung angegeben.*

Übrigens ...

kann man auf dem Baikalsee Auto fahren.

Die Winter sind im russischen Sibirien eisig, sodass selbst der riesige Baikalsee vollständig zufriert. Früher hat man Gleise auf dem Eis verlegt, damit die transsibirische Eisenbahn den See überqueren konnte. Mittlerweise hat man für die Eisenbahn eine Umgehung gebaut, aber Autos und Lkws fahren im Winter noch immer über den See.

Indefinitpronomen

- Indefinitpronomen werden in der Regel **kleingeschrieben**, auch wenn sie die formalen Merkmale eines Nomens haben: *alle, andere, beide, einer, irgendeiner, jeder, jemand, kein, man, mehrere, nichts, viel, wenig*
  → *Die **b**eiden haben schon **v**ieles zusammen erlebt. Der **e**ine schätzt den **a**nderen sehr. Das weiß doch ein **j**eder.*
- Nur wenn die Pronomen **besonders betont** werden sollen, kann man sie auch **großschreiben**.
  → *Die **E**inen sagen dies, die **A**nderen sagen das.*
- **Als Nomen verwendete Pronomen** schreibt man **groß**.
  → *Sie hat das gewisse **E**twas. Er ist mein **E**in und **A**lles.*

Diktat 18 Der Verrat

LEVEL 3

Es musste ihn **irgendjemand** verraten haben. | Den **meisten*** hatte er von Anfang an nicht getraut. | Nur **wenige*** hatten deshalb von seinem Versteck gewusst. | Er hatte gehofft, dass es **keiner** ausplauderte. |

In seiner Wut schwor er sich **etwas:** | Die **beiden**, die ihn vermutlich hintergangen hatten, | müssen bestraft werden. | Die **anderen*** dagegen | solle **irgendwer** von seinen Leuten belohnen, | auch wenn ihnen von der Beute | nur **wenig** geblieben war. |

Wenn **man** das Rad zurückdrehen könnte, | würde er **vieles*** anders machen. | Es war leichtsinnig zu denken, | **niemand** würde ihm **etwas Böses** wollen. | Es gab immer **einen***, | dem **irgendetwas** herausrutschte. |

Dieses **Etwas** war in seinem Fall die Höhle, | die ihm nun keinen Schutz mehr bot. | Ein **jeder** konnte ihm nun an den Kragen. | Und das **eine*** wusste er: | Bald würde es **irgendeiner** schaffen. | Ihm blieb **nichts** mehr zu hoffen. | Er hatte einfach zu **viel** gewollt | und **alles** verloren.

143 Wörter

** Wenn diese Pronomen besonders betont werden sollen, können sie auch großgeschrieben werden. In der Regel werden sie jedoch kleingeschrieben.*

Verblasste Nomen

Manche Nomen können ihre **Eigenschaft als Nomen verlieren**.

- Die folgenden Nomen gelten in Verbindung mit den Verben **sein, bleiben** oder **werden** als **Adjektive** und werden **kleingeschrieben:** *angst, bange, feind, freund, gram, klasse, leid, pleite, recht, schuld, spitze, unrecht.*
  → *Mir wird **a**ngst und **b**ange.* *<u>aber</u>: Das macht mir **A**ngst und **B**ange.*
  *Die Firma ist **p**leite.* *Die Firma steht vor der **P**leite.*
  *Es ist mir **r**echt.* *Das ist dein gutes **R**echt.*
- Auch einige **Präpositionen** sind aus Nomen entstanden und werden **kleingeschrieben:** *dank, kraft, laut, trotz, zeit*
  → *Er schaffte es **d**ank ihrer Hilfe.* *<u>aber</u>: Vielen **D**ank für deine Hilfe.*
  *Sie kam **t**rotz des Regens.* *Aus **T**rotz blieb er zu Hause.*
- Die folgenden aus Nomen entstandenen unbestimmten **Mengenangaben** schreibt man auch **klein:** *ein bisschen, ein paar*
  → *ein **p**aar (= einige) Leute* *<u>aber</u>: ein **P**aar (= zwei) Socken*

Diktat 19 Ignaz Semmelweis*

LEVEL 3

Dem Arzt Ignaz Semmelweis | wurde es **angst** und **bange**, | da seiner Idee so viele **feind** waren: | Er wollte, dass sich das Personal in Krankenhäusern | regelmäßig die Hände wäscht. | Denn an vielen Krankheiten | sei die Übertragung von Keimen | durch mangelnde Sauberkeit **schuld**. |

Seine **Feinde** waren ihm deswegen **gram**. | Sie meinten, sie treffe **kein bisschen Schuld**. | Ihnen schien es offenbar **recht** zu sein, | wenn **ein paar** Patienten starben. | Semmelweis war aber zweifellos im **Recht**. |

Er war diesen Streit mittlerweile **leid**, | doch **trotz** des Gegenwindes | hielt er an seiner Meinung fest. | So viel **Leid** wurde durch die Missachtung | dieser einfachen Regel verursacht! |

Nicht zuletzt **dank** Semmelweis | wäre ein solches Krankenhaus heute sofort **pleite**. | Auch wenn er **zeit** seines Lebens kämpfen musste, | war er als Mediziner einfach **spitze** | und verdient unseren **Dank**!

128 Wörter

* *Die Schreibung sollte vorgegeben werden.*

Zahlwörter

- **Grundzahlen unter** einer Million schreibt man **klein** und **zusammen**, Zahlen **über** einer Million **groß** und **getrennt**.
  → *Alle **vier** waren jünger als **achtzehn**.*
  *Die Stadt hat **eine Million fünfhunderttausend** Einwohner.*

- **Als Nomen verwendete Grundzahlen** schreibt man groß, wenn sie **eine Ziffer** bezeichnen.
  → *eine **S**echs würfeln, eine **D**rei schreiben, die **A**cht ist meine Glückszahl*

- Wenn damit eine **unbestimmte Menge** gemeint ist, kann bei folgenden Zahlwörtern **groß- oder kleingeschrieben** werden: *hundert, tausend*
  → *Es kostet mehrere **H**undert/**h**undert Euro.* *aber: genau **h**undert Euro*
  *Es kamen **T**ausende/**t**ausende von Fans.* ***t**ausend Fans*

- **Bruch-** und **Ordnungszahlen** werden **kleingeschrieben**, wenn sie direkt vor einem **Bezugswort** stehen. Wenn sie **als Nomen gebraucht** werden, schreibt man sie **groß**.
  → *ein **v**iertel Kilogramm, das **z**ehnte Kapitel;*
  *ein **V**iertel des Kuchens, nur jeder **Z**ehnte war anwesend*

- Beachte auch die Schreibung von **Mal/mal:**
  → Groß- und Getrenntschreibung als **Nomen:**
  das erste Mal, jedes Mal, nächstes Mal, mehrere Male
  → Kleinschreibung als **Adverb:**
  einmal, auf einmal, noch einmal, keinmal, diesmal
  → Je nach Betonung schreibt man als **Nomen oder als Adverb:**
  *Das habe ich dir schon **drei Mal** gesagt, muss ich denn alles **dreimal** sagen?*

Diktat 20 Sprichwörter und Redensarten

LEVEL 1

Er steht da wie eine **Eins**. |

Wenn **zwei** sich streiten, freut sich der **Dritte**. |

Sie streckt alle **Viere** von sich. |

Er fühlt sich wie das **fünfte** Rad am Wagen. |

Wo **sechs** essen, spürt man den **Siebten** nicht. |

Sie schwebt im **siebten** Himmel. |

Er trägt die Hose auf **halb acht**. |

Eine Katze hat **neun** Leben. |

Dazu bringen mich keine **zehn** Pferde. |

Einmal ist **keinmal**! |

Ach du grüne **Neune**! |

Er ist ein falscher **Fünfziger**. |

Ein Spiel dauert **neunzig** Minuten. |

Man lebt nur **einmal**! |

Sie kommt vom **Hundertsten** ins **Tausendste**. |

Nicht für eine **Million**!

91 Wörter

Diktat 21 Auf dem Oktoberfest

LEVEL 2

Max und seine **zwei** besten Freunde | waren nicht die **Ersten**. | Mit ihnen drängten sich wieder **einmal** | **Tausende*** Besucher auf dem Oktoberfest. | Die Freunde wollten sich davon ablenken, | dass sie im **ersten** Mathetest des Jahres | alle **drei** eine glatte **Sechs** bekommen hatten. |

Schon um **fünfzehn** Uhr hatten sie | das **erste Drittel** ihres Geldes ausgegeben. | Sie waren **einmal**** mit dem Riesenrad | und **zweimal**** mit der Achterbahn gefahren. | Eine **Million** müsste man haben, | bei so vielen Fahrgeschäften! | Für ein **drittel** Hähnchen pro Person | sollte es aber noch reichen. |

Max schaute auf die Uhr und erschrak: | Es war schon **fünf** | und er sollte um **vier** zu Hause* sein! | Rasch machte er sich auf den Heimweg. | Wenn er sich wieder verspätet, | schlägt es **dreizehn**!

119 Wörter

* *Hier sind auch andere Schreibweisen möglich: tausende; zuhause. Im Text ist jeweils die Duden-Empfehlung angegeben.*
** *Je nach Betonung auch möglich: ein Mal; zwei Mal.*

Übrigens ...

ist das Münchner Oktoberfest das größte Volksfest der Welt.

Das Oktoberfest, auch Wiesn genannt, findet seit 1810 auf der Theresienwiese im Zentrum Münchens statt. Damals wurde dort die Hochzeit von Kronprinz Ludwig von Bayern und Therese von Sachsen-Hildburghausen gefeiert. Seitdem reisen jedes Jahr Millionen von Menschen aus aller Welt an, um beim Oktoberfest dabei zu sein. Im Schnitt werden jährlich etwa 60 000 Hektoliter Bier getrunken und eine halbe Million Brathähnchen verspeist.

Zeitangaben

- **Großgeschrieben** werden Tageszeiten und Wochentage, wenn sie **Nomen** sind. Sie sind meist an den üblichen **Signalwörtern** erkennbar.
  → *der **V**ormittag, am **M**ontag, jeden **M**ittwochnachmittag*
- **Kleingeschrieben** werden Tageszeiten oder Tage, wenn sie **Adverbien** sind. Ein Erkennungszeichen dafür ist die häufige **Endung auf -s**.
  → *heute, gestern; abends, dienstags, freitagmorgens*
- Beachte den Unterschied zwischen **morgen** (= der nächste Tag) und **Morgen** (= die frühe Tageszeit).
  → *Lena ist ganz aufgeregt, denn sie hat **m**orgen ihre Führerscheinprüfung.*
  *Paul hat heute **M**orgen seinen Wecker nicht gehört.*
- **Folgt** auf **Adverbien** wie *heute, morgen* oder *gestern* eine **Tageszeit**, schreibt man diese **groß**.
  → *heute **N**acht, morgen **M**ittag, gestern **A**bend*

Diktat 22 Telefongespräch

LEVEL 1

- Hast du **morgen Vormittag** Zeit, | mit mir zu frühstücken? |
- Nein, **samstags** arbeite ich | **morgens** immer im Getränkemarkt. |
- Wir könnten uns ja **nachmittags** treffen | oder **morgen Abend**? |
- Am **Nachmittag** will ich für den Englischtest lernen, | und **abends** bin ich mit Tina verabredet. | Das habe ich **heute Morgen** mit ihr vereinbart, | weil ich **gestern** keine Zeit für sie hatte. |
- Wie sieht es nächsten **Dienstag** bei dir aus? |
- Jeden **Dienstagabend** habe ich Handballtraining. |
- Also **heute** wird das nichts mehr. |
- Lass uns einfach am **Montagmorgen** | in der Schule etwas ausmachen.

86 Wörter

Diktat 23 Voll verplant

LEVEL 2

Am **Montag** treffe ich mich am **Nachmittag** mit Flo, | **abends** habe ich Tischtennis. | Da wird es oft schon **Nacht**, | bis ich heimkomme. |

Leider kann ich **dienstags** | normalerweise nicht ausschlafen. | Jeden **Dienstag** trage ich | am frühen **Morgen** Zeitungen aus, | aber **morgen** ist ja zum Glück Feiertag. |

Der **Mittwoch** ist hart: | Da habe ich nicht nur **morgens**, | sondern auch den ganzen **Nachmittag** Unterricht. | Deshalb esse ich **mittags** in der Schulmensa. |

Auch wenn sich der **Vormittag** oft hinzieht, | ist **Donnerstag** mein Lieblingstag. | Da sehe ich **nachmittags** meinen Vater. |

Auf **Freitagabend** freue ich mich schon **heute**. | Beim Stadtfest gibt es **nachts** ein Feuerwerk!

99 Wörter

Eigennamen und Ortsangaben

- **Eigennamen** werden immer **großgeschrieben.**
  → *Herr **W**olfgang **V**ordermayer wohnt in **N**euburg an der **D**onau.*
- In **mehrteiligen Namen** oder **festen Begriffen**, die als Eigennamen angesehen werden, schreibt man alle **Adjektive**, **Partizipien** und **Zahlwörter** ebenfalls **groß**.
  → *das Kap der **G**uten Hoffnung, die **V**ereinigten Staaten von Amerika; der **Z**weite Weltkrieg, der **H**eilige Abend, die **R**ote Karte, das **S**chwarze Brett*
- Von Ortsbezeichnungen abgeleitete Adjektive auf **-er** schreibt man **groß**.
  → *der **Kölner** Flughafen, der **Hamburger** Hafen, der **Schweizer** Käse*
- Von Ortsbezeichnungen abgeleitete Adjektive auf **-isch** schreibt man **klein**, **außer** es handelt sich um **Eigennamen**.
  → *die **bayerische** Landeshauptstadt, **indische** Gewürze*
  *aber: der **B**ayerische Wald, der **I**ndische Ozean*

Diktat 24 Eine E-Mail an die Oma

LEVEL 2

Liebe Oma! |

Wir sind gut in unserem Ferienhaus | im **Bayerischen Wald** angekommen. | Dort werden wir den **Heiligen Abend** | sicher sehr schön feiern. |

Bei der Ankunft hat uns die **Dänische Dogge** | des **bayerischen*** Besitzers ziemlich angebellt. | Auf diesen Schrecken gab es dann | erst einmal ein **Wiener Schnitzel**. | **Franzi** begnügte sich mit **Schweizer Käse**, | sie mag ja kein Fleisch. |

Manchmal würde ich schon gern | einen ausgefalleneren Urlaub machen, | zum Beispiel am **Indischen Ozean** | oder am **Schwarzen Meer**. | Außerdem möchte ich einmal nach **Thailand**, | ich liebe nämlich **thailändisches** Essen. | Toll wäre auch ein Flug über den **Atlantik** | in die **Vereinigten Staaten von Amerika**! | Vielleicht klappt es ja im nächsten Jahr. |

Viele Grüße und frohe Weihnachten! |
Dein **Lorenz**

* *Auch möglich: bayrischen.*

114 Wörter

Diktat 25 Gruppenreise durch Europa

LEVEL 3

Am ersten Tag besuchen wir den **Hamburger** Hafen. | Anschließend übernachten Sie auf einer **ostfriesischen** Insel. |

Am nächsten Tag führt unser Weg nach **Franken**. | Erleben Sie die **fränkische** Weinkultur | und besichtigen Sie eine **Nürnberger** Lebkuchenfabrik. |

Den dritten Reisetag verbringen Sie | auf **schweizerischem** Gebiet | in einem **Genfer** Luxushotel. |

Am Tag darauf geht es | über die **italienischen** Alpen nach **Mailand**. | Die **Mailänder** Mode ist weltberühmt, | daher besuchen wir eine **mailändische** Modenschau. |

Der letzte Reisetag ist den **römischen** Kunstschätzen gewidmet. | Von **Rom** aus fliegen Sie zurück | in die **deutsche** Heimat. | Sie können entweder den **Frankfurter** | oder den **Münchner** Flughafen anfliegen. |

Werfen Sie auch einen Blick | auf unsere neuen Reiseangebote: | Erkunden Sie **Israel**, | das Land des **Alten** und **Neuen Testaments**! | Oder fliegen Sie mit uns über den **Atlantischen Ozean** | und bereisen Sie die **Neue Welt**! | Wie am **Schwarzen Brett** angekündigt, | veranstalten wir nächste Woche dazu einen Infoabend.

142 Wörter

Anredepronomen

- Die **vertraulichen Anredepronomen** (*du, dir, dein; ihr, euch, euer …*) schreibt man **im Allgemeinen klein**. In **Briefen** können sie auch **groß-geschrieben** werden.
  → *Ich wünsche **dir/Dir**, dass **du/Du** in **deinem/Deinem** Leben glücklich wirst. Wir hoffen, **ihr/Ihr** habt **euch/Euch** in **eurem/Eurem** Urlaub gut erholt.*
- Die **höflichen Anredepronomen** (*Sie, Ihnen, Ihr …*) schreibt man immer **groß**.
  → *Ich habe **Ihnen** gestern **Ihr** Paket geliefert, aber **Sie** waren nicht zu Hause.*
- Achtung: Die Anredepronomen dürfen nicht mit den **Personalpronomen** *sie* (Singular oder Plural) und dem **Possessivpronomen** *ihr* verwechselt werden.
  → *Ich habe **Ihnen** gestern **Ihr** Paket geliefert, aber **sie** waren nicht zu Hause. Ich habe **ihr** gestern **ihr** Paket geliefert, aber **sie** war nicht zu Hause.*

Diktat 26 Fahrradkauf

LEVEL 1

Lieber Jonas,

ich schreibe **Dir***, | weil ich mir ein Fahrrad kaufen will | und **Deinen*** Rat brauche. |

Ich war bereits in einem Geschäft | und fragte die Verkäuferin höflich: | „Können **Sie** mir den Unterschied | zwischen einem Mountainbike** | und einem Trekkingrad** erklären?“ | Doch **sie** antwortete nur: | „Diese Räder sind nichts für **Ihren** Geldbeutel.“ |

Findest **Du*** das nicht auch frech? | Da ich von **ihr** so schlecht beraten wurde, | können mir **ihre** Räder gestohlen bleiben! | Aber immerhin hat **sie** mich mit **Sie** angesprochen. |

Mit Rädern kennst **Du*** **Dich*** doch aus. | Kann ich auf **Dich*** zählen? |

Herzliche Grüße, **Dein*** Jakob

94 Wörter

** Die vertraulichen Anredepronomen können sowohl groß- als auch kleingeschrieben werden. Wichtig ist, dass die Schreibung innerhalb des Briefs nicht gewechselt wird.*
*** Die Schreibung sollte vorgegeben werden.*

Diktat 27 Das ist nicht mein Hund!

LEVEL 2

Im Park geht eine Frau spazieren, | der ein kleiner Hund nachläuft. |

Ein Polizist sieht **sie** und sagt: | „Haben **Sie** die Schilder nicht gesehen, | dass **Sie** Hunde an der Leine führen müssen? | Mit **Ihrem** Hund könnten **Sie** andere Menschen gefährden!“ |

Die Frau beachtet **ihn** gar nicht. |

Der Polizist droht: | „Wenn **Sie ihn** nicht sofort an die Leine nehmen, | muss ich **Sie** verwarnen!“ |

Doch **sie** geht einfach weiter. |

Dem Polizisten wird **ihr** Verhalten zu bunt: | „Bleiben **Sie** stehen! | Jetzt zahlen **Sie** ein Verwarnungsgeld von zehn Euro.“ |

Nun hält **sie** an und sagt: | „Ich weiß nicht, was **Sie** von mir wollen. | Das ist nicht mein Hund!“ |

„Und warum läuft er **Ihnen** dann nach?“ |

Darauf antwortet die Frau: | „Aber **Sie** laufen mir ja auch nach | und **Sie** gehören trotzdem nicht zu mir.“

128 Wörter

Alle Fälle der Groß- und Kleinschreibung

Diktat 28 Das Spiel mit dem Ball

LEVEL 1

Stelle dir **Folgendes** vor: | **Es** betreten **zweimal elf*** Fußballspieler den Platz, | das **Grölen** beginnt, | die **Spannung** ist zum **Zerreißen**. | Aber etwas fehlt: **der** Ball. | Das wäre kein **Vergnügen** für die Besucher. | Sie wollen den Spielern | beim **Rennen** und **Schwitzen** zusehen, | nicht beim **Herumstehen**. |

Erfunden wurde der Ball übrigens | vor **zweitausend** Jahren in **China**. | Ballspiele sind also nichts **Neues** oder **Modernes**. | Zum **Füllen** nahm man **anfangs** Tierhaare. |

Im **Großen** und **Ganzen** | ist Fußball schon etwas **Seltsames:** | **Mit Begeisterung** laufen **erwachsene** Menschen | einer runden Kugel nach. | Für Fans ist es jedoch das **Größte,** | wenn das **Runde** im **Eckigen** landet!

** Je nach Betonung auch möglich: zwei mal elf* — *97 Wörter*

Diktat 29 Die versunkene Stadt Atlantis

LEVEL 2

Die **Beschäftigung** mit dem sagenhaften **Atlantis** | ist etwas wirklich **Spannendes** und **Geheimnisvolles**. | Leider weiß man nichts **Genaues** über diesen Ort. | Der **griechische** Philosoph* Platon* erwähnte ihn | vor **Tausenden**** von Jahren als **Erster**. | In einer auf **Griechisch** verfassten Schrift | beschrieb er ihn als wunderschönen Inselstaat, | der auf den Grund des Meeres gesunken sei. |

Wollte er nur ein Märchen erzählen? | **Forscher**, die **heute** das **Für** und **Wider** abwägen, | kommen zu keiner **Einigung**. | Schon immer gab es **Gelehrte**, | die an die **Erzählung** glaubten. | Als Kolumbus* **Amerika** entdeckte, | dachten **viele:** | **Endlich** haben wir Atlantis gefunden! |

Noch im **Hier** und **Heute** werden Bücher | wie „**Das** Erbe von Atlantis“ | zu Verkaufsschlagern, weil viele Menschen | von der **Entdeckung** der Insel träumen. | Aber **Träumen** ist ja nicht das **Schlechteste**.

** Die Schreibung sollte vorgegeben werden.* — *121 Wörter*

*** Auch: tausenden. Im Text ist die Duden-Empfehlung angegeben.*

Diktat 30 Die Hauptstadt von Portugal

LEVEL 3

Wir heißen **Sie** herzlich willkommen | zu einem Urlaub in Lissabon*! | Die Stadt liegt im Westen Europas | am **Atlantischen Ozean** | und am äußersten Rand der **Iberischen Halbinsel.** |

Vor ein **paar hundert** Jahren, | in der **Frühen Neuzeit**, war Lissabon | eine der glanzvollsten Handelsstädte der **Alten Welt** | und eine Stadt der Seefahrer. | Unter der Überschrift „**Damals** in Lissabon" | können **Sie** dazu **Genaueres** | in **Ihrem** Reiseführer nachlesen. |

Das **Überleben** auf hoher See | war alles andere als einfach, | aller Vorsicht zum **Trotz**. | Auch auf dem **Trockenen** | war man nicht immer sicher, | wie das furchtbare **Beben** im Jahr 1755 beweist. |

Doch **trotz** dieses schwarzen Tages | muss **einem** heute in Lissabon nicht **angst** sein. | Das **Schlendern** durch die hügelige Stadt | mit **ihrem** stetigen **Auf** und **Ab** wird **Ihnen** gefallen; | **Sie** können aber auch die Straßenbahn benutzen, | die zu den **berühmtesten** auf der ganzen Welt zählt. |

Das **Besichtigen** der Stadt ist | wegen **ihrer** romantischen Stimmung | im **Übrigen** für ein **Paar** auf Hochzeitsreise | **aufs Beste**** geeignet!

157 Wörter

* *Die Schreibung sollte vorgegeben werden.*
** *Auch möglich: aufs beste.*
Im Text ist die Duden-Empfehlung angegeben.

Getrennt- und Zusammenschreibung

Für die Getrennt- und Zusammenschreibung gelten einige **Grundregeln:**

Zusammen schreibt man im Allgemeinen:
- zusammengesetzte Nomen: *Haustier, Blaulicht*
- Partikel + Verb: *zurückkommen, nachdenken*
- Nomen + Adjektiv: *wetterfest, tierlieb*

Getrennt werden in der Regel folgende Verbindungen geschrieben:
- Verb + Verb: *spazieren gehen, tanzen lernen*
- Nomen + Verb: *Eis essen, Rad fahren*
- Adjektiv + Verb: *schnell laufen, gesund leben*

Doch zu diesen Grundregeln gibt es **zahlreiche Ausnahmen**, sodass dieser Bereich der Rechtschreibung sicher zu den schwierigsten gehört. Die Diktate in diesem Kapitel sollen dir dabei helfen, den Durchblick zu bekommen.

Zusammengesetzte Nomen

- Zusammengesetzte Nomen schreibt man **groß** und **zusammen**. Das **Grundwort** (das letzte Wort) ist immer ein **Nomen**. Das **Bestimmungswort** (der erste Bestandteil) kann einer anderen Wortart angehören.
  → *Fuß**ball**, Wasch**maschine**, Schwarz**geld**, Rechts**kurve**, Alles**kleber***
- Bei einigen Zusammensetzungen werden zwischen den Wortgrenzen **Fugen-Buchstaben** (meist **s/es**, **e** oder **n/en**) eingefügt.
  → *Lieblings**s**farbe, Bundes**tag**, Hund**e**leine, Familie**n**feier, Kranke**n**haus*
- **Beachte:** Eine Sache = ein Wort! Zwei benachbarte Wörter schreibt man **getrennt**, wenn jedes Wort seine **eigene Bedeutung** hat. Bezeichnen sie aber **gemeinsam** nur **eine Sache**, schreibst du sie **zusammen**.
  → *Er macht **mittags Pause**. Nach der **Mittagspause** arbeitet er weiter.*
  *Die **Konzertkarten** sind teuer. Aber dass sie für dieses **Konzert Karten** haben musste, war klar.*

Diktat 31 Die erste Autobahn

LEVEL 1

1932 eröffnete der damalige **Oberbürgermeister** von Köln | und spätere **Bundeskanzler** Konrad Adenauer* | die erste **Autobahn** Deutschlands. |

Das war ein **Meilenstein** | in der Geschichte der **Fortbewegung**, | denn vorher gab es nur **Landstraßen**. | Diese mussten sich **Fußgänger**, | **Autofahrer** und **Tiergespanne** teilen. | Die **Unfallgefahr** war groß. |

Die neue **Schnellstraße** war zwanzig **Kilometer** lang. | Verglichen mit heutigen **Fahrzeugen** | fuhren die damaligen Autos im **Schneckentempo** | und erreichten nie die erlaubte **Spitzengeschwindigkeit** | von 120 **Stundenkilometern**. |

Heute sind die **Betonpisten** | mit mehreren **Fahrspuren** | und einem **Trennstreifen** in der Mitte | fester **Bestandteil** unseres **Verkehrsnetzes**.

86 Wörter

* *Die Schreibung sollte vorgegeben werden.*

Diktat 32 Teure Freizeit

LEVEL 2

In meinem **Freundeskreis** ist man immer unterwegs, | **Langeweile** ist uns ein **Fremdwort**. | Wir gehen zusammen ins **Schwimmbad** | oder ins **Einkaufszentrum**. | Letzte Woche waren wir in der **Kletterhalle**. |

Das kostet natürlich alles eine **Menge Geld**. | Daher habe ich eine **Festanstellung** als Kellnerin. | Wenn es am **Abend Veranstaltungen** gibt, | mache ich oft **freiwillig Dienst**. | Der **Stundenlohn** ist im **Spätdienst** nämlich höher. |

Vom **Trinkgeld** der letzten **Abendveranstaltung** | kaufe ich mir **Eintrittskarten** für ein **Fußballspiel**. | Ich gehe mit meinen **Großeltern** hin. |

Wir haben da eine **Familientradition:** | Weil es in den **Halbzeitpausen** | an den **Würstchenbuden** | immer so lange **Warteschlangen** gibt, | machen wir erst zu Beginn | der zweiten **Halbzeit Pause**. |

Man verpasst dann zwar ein paar **Spielminuten**, | aber was sind schon | in einem so langen **Spiel Minuten**?

121 Wörter

Übrigens …

sind Nebenjobs unter Schülern weitverbreitet.

Mindestens ein Drittel aller Schüler ab 13 Jahren arbeitet durchschnittlich über drei Stunden pro Woche. Viele haben einen Nebenjob im Einzelhandel, helfen also zum Beispiel dabei, im Supermarkt die neuen Waren in die Regale zu räumen. Die meisten arbeiten als Babysitter oder Zeitungsausträger. Ältere Schüler geben oft Nachhilfeunterricht. Meistens lockt die Jugendlichen dabei der Verdienst, mit dem sie ihr Taschengeld aufbessern.

Nomen + Verb

- Verbindungen aus **Nomen** und **Verb** schreibt man in der Regel **getrennt**.
  → *Auto fahren, Fenster putzen, Klavier spielen, Bescheid wissen, Platz nehmen*
- **Nominalisierungen** schreibt man aber **groß** und **zusammen**.
  → *das Radfahren, beim Fensterputzen*
- Bei manchen Verbindungen ist das **Nomen verblasst** oder hat seine **Eigenständigkeit verloren**, dann schreibt man die Verbindung **klein** und **zusammen**.
  → *eislaufen, heimkehren, preisgeben, teilnehmen (trennbar: ich nehme teil); maßregeln, handhaben, schlussfolgern (untrennbar: ich schlussfolgere)*
- Es gibt auch einige wenige Verbindungen, die man sowohl **getrennt** als auch **zusammenschreiben** kann.
  → *Acht geben/achtgeben, Halt machen/haltmachen, Maß halten/maßhalten, Staub saugen/staubsaugen, Dank sagen/danksagen*

Diktat 33 Jeder hat ein Talent

LEVEL 1

Mein Bruder kann **Einrad fahren**. | Ich dagegen bin gut im **Geigespielen**. | Andere können **Kuchen backen** oder **Fußball spielen**, | **eislaufen** oder **Fallschirm springen**. |

Was die einen* im **Schlaf beherrschen**, | würde bei anderen* ziemlich **fehlschlagen**. | Wer zum Beispiel im **Aufsatzschreiben** unschlagbar ist, | der kann vielleicht nicht so gut **kopfrechnen**. | Oder jemand, der gern **Bilder malt**, | muss kein Talent im **Tangotanzen** haben. |

Wichtig ist nur, dass die Dinge **Spaß machen** | und man an seine **Fähigkeiten glaubt**, | denn man kann immer seine **Leistungen steigern**.

80 Wörter

* *Wenn diese Pronomen besonders betont werden sollen, können sie auch großgeschrieben werden. In der Regel werden sie jedoch kleingeschrieben.*

Diktat 34 Das Navigationsgerät

LEVEL 2

Meine Mutter kann eigentlich sehr gut **Auto fahren**. | Doch gestern ließ sie sich beim **Autofahren** | von ihrem Navigationsgerät aus der **Ruhe bringen**. | Wir holten meinen Bruder von einem Freund ab, | der eine **Party feierte**. | Auf dem Rückweg wurden wir | von den Ansagen des Navis völlig **irregeleitet**. |

Die Zeit wurde knapp, | weil ich zum **Handballspielen** musste. | Und meine kleine Schwester jammerte, | weil sie unbedingt **Eis essen** wollte. |

Sollte ein Navi nicht **Gewähr leisten***, | dass man den richtigen **Weg findet**? | Irgendwann mussten wir jedoch **haltmachen*** | und einem Fußgänger die **Frage stellen**, | wie wir **heimkommen**. | Er konnte uns die Antwort zum Glück **kundtun**. | Gut, dass es Menschen gibt, | die auch ohne Navi **Bescheid wissen**!

111 Wörter

* *Auch möglich: gewährleisten; Halt machen.*

Diktat 35 Langeweile

LEVEL 3

Ich hätte meinem Vater nicht **preisgeben** dürfen, | dass mir langweilig ist. | Schon konnte er mir einen langen **Vortrag halten**. |

„Hast du keine Lust zum **Fahrradfahren**? | Du kannst doch **Klavier spielen** | oder **Hausaufgaben machen**. | Oder wie wäre es, wenn du die **Fenster putzt** | oder in deinem Zimmer **staubsaugst***? | Es wäre auch mal wieder nötig, | dass du dein **Schuhregal aufräumst**. | Außerdem wolltest du doch an diesem Wettbewerb | im **Kopfrechnen teilnehmen**. | Oder wird der etwa doch nicht **stattfinden**? |

Doch jetzt darfst du erst einmal den **Tisch decken**, | wir werden bald zu **Abend essen**. | Mama müsste auch gleich **heimkommen**. | Aber kannst du dabei bitte nicht wieder | mit den **Tellern klappern** | und so viel **Lärm machen**! | Das stört mich beim **Radiohören**.“ |

Man muss wirklich **achtgeben***, | was man seinen Eltern mitteilt.

125 Wörter

* *Auch möglich: Staub saugst; Acht geben.*

Verb + Verb

- **Verben** werden in Verbindung mit einem zweiten Verb meistens **getrennt geschrieben**.
  → *spazieren gehen, einkaufen fahren, schreiben lernen, vertrauen können*
- Bei Verbindungen mit den Verben **bleiben** und **lassen** ist auch Zusammenschreibung **möglich**, wenn damit ein **übertragener Sinn** gemeint ist.
  → *Mutter hat die Wäsche draußen **hängen lassen**. (→ wörtliche Bedeutung)*
  *Gute Freunde darf man nicht **hängenlassen/hängen lassen**.*
  (→ übertrage Bedeutung)
- Bei der Verbindung aus **kennen** und **lernen** ist sowohl **Zusammen-** als auch **Getrenntschreibung** möglich.
  → *Ich habe ihn auf der Party **kennengelernt/kennen gelernt**.*
- **Tipp:** Wenn du bei der Verbindung zweier Verben einheitlich getrennt schreibst, bist du auf der sicheren Seite.
- **Aber: Nominalisierungen** schreibt man **groß** und **zusammen**.
  → *Ich freue mich auf unser **Kennenlernen**.*
  *Beim **Spazierengehen** kann ich gut abschalten.*

Diktat 36 Die beste Freundin

LEVEL 1

Meine beste Freundin heißt Pia. | Bei unserem **Kennenlernen** | waren wir noch in der Grundschule. |

Nach dem Schulwechsel konnten | viele meiner Freundschaften nicht **bestehen bleiben**. | Bei Pia war das anders: | Sie hat mich noch nie **hängen lassen***. |

Ich mag es, | dass wir oft gemeinsam **laufen gehen**. | Wenn wir uns **unterhalten wollen**, | entscheiden wir uns aber eher fürs **Spazierengehen**. |

Egal was wir machen, | bei ihr kann ich mich **fallen lassen***. | Einem Menschen alles **anvertrauen können**, | das ist wirklich schön!

77 Wörter

* *Hier ist auch Zusammenschreibung erlaubt, da ein übertragener Sinn gemeint ist.*

Diktat 37 Am Geburtstag

LEVEL 2

Für meinen Geburtstag werden sich meine Eltern | bestimmt etwas **einfallen lassen**. | Vielleicht werden wir **klettern gehen**, | denn ich würde gern den neuen Hochseilgarten **kennenlernen***. |

Roberts Unfall bei meiner letzten Feier | habe ich **kommen sehen**. | Auf der Rodelbahn immer nur **beschleunigen wollen** | reicht eben nicht, | man muss auch **bremsen lernen**! |

Ob die Eltern mich dieses Jahr **überraschen können**? | In jedem Fall werden mich | meine Großeltern **besuchen kommen**. | Von Oma will ich mir Apfelkuchen **backen lassen**. | Außer den Kerzen wird da bestimmt nichts | auf dem Blech **liegen bleiben**! |

Besonders toll finde ich auch, | dass ich am Geburtstag die Hausarbeit **liegen lassen**** darf, | weil das meine Geschwister für mich **übernehmen wollen**. | Statt **putzen helfen** | heißt es dann **verwöhnen lassen**!

116 Wörter

* *Auch möglich: kennen lernen. Im Text ist die Duden-Empfehlung angegeben.*
** *Hier ist auch Zusammenschreibung erlaubt, da ein übertragener Sinn gemeint ist.*

Diktat 38 Nie wieder sitzen bleiben*!

LEVEL 3

Ich bin ja der Meinung: | Das **Sitzenbleiben** sollte abgeschafft werden! |

Schlechte Noten liegen oft nicht daran, | dass die Schüler etwas nicht **verstehen können**. | Manchmal meinen die Lehrer, | dass sie den Stoff nicht mehr **erklären brauchen**, | weil ja alles im Buch steht. | Oder die Schüler wissen nicht, | welche Themen sie vor der Prüfung **wiederholen sollen**. |

Natürlich kann es sein, | dass manche Schüler gar nicht mehr **lernen wollen**, | wenn sie nicht **durchfallen können**. | Ich selbst würde mich deshalb aber nicht **gehen lassen***. |

Keiner will eine Klasse zweimal** **machen müssen**. | Womöglich muss man sogar tatsächlich | auf demselben Stuhl, | in demselben Klassenzimmer **sitzen bleiben** – | und das auch noch mit Leuten, | die einen **spüren lassen**, | dass man nicht zu ihnen gehört. |

Ich finde, man sollte einfach | keinen Schüler **hängen lassen***. | Jeder soll in seinem eigenen Tempo **lernen dürfen**, | das fängt schon beim **Lesenlernen** | in der Grundschule an.

142 Wörter

* *Hier ist auch Zusammenschreibung erlaubt, da ein übertragener Sinn gemeint ist.*
** *Je nach Betonung auch möglich: zwei Mal.*

Adjektiv + Verb

- Verbindungen aus **Adjektiv** und **Verb** schreibt man in der Regel **getrennt**. Das gilt auch für **Partizipien**, die wie Adjektive verwendet werden.
  → *laut lachen, geheim halten, schnell sprechen, warm baden;*
  spielend lernen, getrennt schreiben, geschenkt bekommen
- Verbindungen mit dem Verb **sein** schreibt man immer **getrennt** – **außer** es handelt sich um **Nominalisierungen**.
  → *fertig sein, zufrieden sein, vorhanden sein*
  aber: das Zufriedensein, das Vorhandensein
- Wenn das Adjektiv das **Ergebnis einer Handlung** bezeichnet, ist sowohl **Zusammen-** als auch **Getrenntschreibung** möglich. Wird das Adjektiv allerdings **erweitert**, darf **nur getrennt** geschrieben werden.
  → *die Zimmer saubermachen/sauber machen,*
  das Gemüse kleinschneiden/klein schneiden
  *aber: die Zimmer **sehr** sauber machen, das Gemüse klein**er** schneiden*
- Hat die Verbindung aus Adjektiv und Verb eine **übertragene Bedeutung**, dann **muss** sie **zusammengeschrieben** werden.
  → *jemanden festnehmen (verhaften) – etwas fest nehmen (mit Kraft nehmen)*

Diktat 39 Ordnung muss sein!

LEVEL 1

Leider muss ich mein Zimmer selber **rein halten**. | Morgen ist wieder das große **Saubermachen** angesagt. |

Vorher möchte ich noch das Klebebild **fertigstellen***, | gestern musste ich die Bastelarbeit | nämlich **überstürzt abbrechen**. | Erst danach werde ich den Schreibtisch **feucht wischen** | und den Boden **gründlich saugen**. | Kein Schnipsel soll **übrig bleiben**. | Ich hoffe, dass es **schnell geht**. | Ich möchte **fertig sein**, | wenn meine Mutter kommt. | Sie wird meinen Fleiß **laut loben**. |

Das **Vorhandensein** einer Putzhilfe wäre wirklich praktisch. | Doch meine Eltern sagen, | ich könne **zufrieden sein**, | dass ich überhaupt ein eigenes Zimmer habe. | Vielleicht kann ich sie ja trotzdem noch **weichklopfen**!

98 Wörter

* *Auch möglich: fertig stellen. Im Text ist die Duden-Empfehlung angegeben.*

Diktat 40 Schönheitswahn

LEVEL 2

Jeder will **gut aussehen**. | Manche würden dafür **weit gehen** | und sich sogar operieren lassen. | Mir würde das sicher **schwerfallen**. |

Erstens können auch Ärzte keine Wunder **vollbringen**. | Und was ist, | wenn die Operation **schiefgeht**? | Da müsste man sich ja wirklich **schwarzärgern**. | So ein Eingriff nur der Schönheit wegen | kann mir **gestohlen bleiben**, | den will ich nicht mal **geschenkt bekommen**. |

Dann schon lieber **viel trinken**, **lange schlafen**, | **gesund essen** und sich **fit halten**! | Man darf das **Schönsein** | einfach nicht so **wichtig nehmen**. |

Leute, die ständig in den Spiegel schauen, | würde ich am liebsten **wachrütteln** | und ihnen sagen: | Man wird euch nicht deswegen **gernhaben**, | weil ihr **schön seid**, | sondern weil ihr **nett seid**!

110 Wörter

Diktat 41 Blaumachen und schwarzarbeiten

LEVEL 3

Wer nicht zur Arbeit geht, | muss sich **krankschreiben lassen**. | Denn wer einfach **blaumacht**, | wird vor Gericht nicht **freigesprochen**. |

Doch wie kommt es, | dass Menschen ihrer Arbeit **fernbleiben**? | Nicht alle wollen **faul sein** und **fernsehen**. | Manche wollen sich mit ihrem Lohn nicht **zufriedengeben** | und möchten nebenher noch **gut verdienen**, | indem sie bei einer anderen Firma **schwarzarbeiten**. | Oft müssen sie dort **hart zupacken**. |

Natürlich lässt sich das nicht immer **geheim halten**. | Besonders im Baugewerbe müssen die Behörden | immer wieder Schwarzarbeiter **festnehmen**. | Das kann ganze Baustellen **lahmlegen**, | weil manchmal kaum legale Arbeiter **übrig bleiben**. |

Mit diesem Zustand kann niemand **zufrieden sein**. | Man sollte sich der Gesellschaft gegenüber **ehrlich verhalten** | und seine Einkünfte **offenlegen**, | auch wenn man diese strengen Regeln manchmal **satthat**.

118 Wörter

Partikel + Verb

- Verbindungen eines Verbs mit einem **Partikel** (einem **Adverb**, einer **Präposition** oder einem **Präfix**) schreibt man **im Allgemeinen zusammen**.
  → *entlanglaufen, hervorheben, vorbeikommen, weglegen, zurückgeben; mitmachen, nachahmen, überfahren, unternehmen, zwischenlanden; darlegen, umstellen, verwechseln, vorbereiten, zurechtkommen*
- Verbindungen mit dem Verb **sein** schreibt man immer **getrennt** – **außer** es handelt sich um **Nominalisierungen**.
  → *da sein, dagegen sein, dabei sein, zurück sein, zusammen sein*
  aber: das Dasein, das Zusammensein
- Einige Verbindungen **ändern ihre Bedeutung**, je nachdem ob man sie getrennt oder zusammenschreibt. Achte hier auch auf die **unterschiedliche Betonung**.
  → *Nach der Augen-OP kann Herr Müller wieder sehen. (→ zwei Betonungen)*
  Wann werde ich dich wiedersehen? (→ eine Hauptbetonung)

Diktat 42 Schon wieder versetzt!

LEVEL 1

Ich will meinem Freund ja nichts **unterstellen**. | Aber gestern sollte er **vorbeikommen** | und mich zur Schule **mitnehmen**. | Doch wer kam erst um acht Uhr **herbeigeeilt**? |

Das hat sich jetzt schon so oft **wiederholt**. | Morgen will er mich angeblich **wieder abholen**. | Wenn er erneut zu spät **da sein** sollte, | werde ich künftig nicht mehr **abwarten** | und einfach ohne ihn **losgehen**. | So können wir nicht **weitermachen**, | sonst wird es bald **vorbei sein** mit uns. |

Ich werde ihn auf sein Verhalten **ansprechen**. | Dass er mir so wenig Respekt **entgegenbringt**, | kann ich nicht länger **hinnehmen**. | Ist ihm unser **Zusammensein** denn nicht wichtig?

98 Wörter

Diktat 43 Ärger mit der Lehrerin

LEVEL 2

Wenn Tim mit seinen Rechenergebnissen **danebenliegt**, | kann die Lehrerin **darüber hinwegsehen**. | Ihn hingegen will sie immer gleich | als Idioten **hinstellen**, | er führt wirklich ein trauriges **Dasein**. |

Sein Sitznachbar muss ihm dann stets **einsagen**. | Wenigstens lässt sie ihn trotzdem mit Simon **zusammensitzen**. | Dass Simon dafür oft bei ihm **abschreibt**, | wird sie nie **herausfinden**. |

Man kann ihr einfach **anmerken**, | dass sie ihn nicht mag. | Konnte das **davon kommen**, | dass er sie einmal **ausgelacht** hatte, | als sie bei Glatteis **ausgerutscht** | und der Länge nach **hingefallen** war? |

Statt ihr **aufzuhelfen**, | ist er einfach **weitergegangen**. | Er konnte sich gerade noch **verkneifen** | laut **loszulachen**. | Nur schade, dass Simon nicht **dabei war**! |

Er muss wohl mit der Situation **zurechtkommen**. | Oder soll er sich **zusammenreißen**, | der Lehrerin **gegenübertreten** | und sich mit ihr **auseinandersetzen**? | Würde er so besser **davonkommen**?

130 Wörter

Diktat 44 Eine Bergtour

LEVEL 3

Am Samstag waren wir | bei strahlendem Sonnenschein **aufgestiegen**. | Ich wollte erst gar nicht **mitgehen** | und lieber den ganzen Vormittag **über lesen**, | wurde aber **überstimmt**. | Hätte ich doch aus dem Bauch **heraus entschieden**! |

Laut Karte mussten wir nach zwei Stunden | aus dem Wald **herauskommen** | und dann den Grat **entlanglaufen**. | Ich ließ den Blick **umherschweifen** und sah, | dass sich dunkle Wolken **zusammenballten**. | Obwohl es bald ziemlich **herabregnete**, | wollten Lars und Nina **weiterlaufen**. |

Erst als der Regen in Schnee **überging**, | **überredete** ich sie zum **Umkehren**. | Eigentlich wollte ich **vorausgehen**, | aber die anderen waren so schnell, | dass ich kaum **nachkam**. | Ich musste mich wirklich **zusammennehmen**, | um **mitzuhalten**. |

Endlich waren wir an einer Hütte **angelangt**, | die allerdings **verschlossen** war. | **Zusammen nahmen** wir Anlauf | und **durchbrachen** die Tür. | So konnten wir noch einmal **davonkommen**. |

Keiner will bei so etwas **dabei sein**, | aber jeder will später **davon erzählen**.

141 Wörter

Verbindungen mit Adjektiven und Partizipien

- **Getrennt** schreibt man in der Regel folgende Verbindungen:
  → **Adjektiv + Adjektiv:**
  riesig groß, merkwürdig still, schrecklich nervös
  → **Partizip + Adjektiv:**
  kochend heiß, rasend eifersüchtig, gestochen scharf
- **Zusammen** schreibt man folgende Verbindungen:
  → **Nomen** (als Abkürzung für eine Wortgruppe) + **Adjektiv/Partizip:**
  jahrelang (so lang wie mehrere Jahre), steinhart (so hart wie Stein); freudestrahlend (vor Freude strahlend), angsterfüllt (vor Angst erfüllt)
  → **Verb** (Stamm) + **Adjektiv/Partizip:**
  kochfest, schreibfaul, lesefreundlich; gehbehindert

Diktat 45 Der Steinzeitmensch Ötzi

LEVEL 1

In einem **ungewöhnlich heißen** Sommer | wurde an einem Gletscher | der **eisgekühlte** Körper von Ötzi entdeckt. | Dieser war **jahrelang** gefroren | und deswegen **steinhart**. | Der Mann erscheint uns heute **seltsam klein**, | doch vor 5 000 Jahren war er **durchschnittlich groß**. |

Zu seiner Ausrüstung gehörten | eine **wasserdichte** Fellmütze, | eine **kälteabweisende** Felljacke, | ein **knielanger** Lendenschurz, | **hautenge** Beinkleider | sowie **wandertaugliche** Schuhe. | Diese Kleidung hielt **schön warm**, | schließlich war es in der Eiszeit **beißend kalt**. |

Daneben trug er einen Dolch **griffbereit** am Gürtel. | Auch sein **messerscharfes** Kupferbeil war **lebenswichtig**. | Mit einem **feuerfesten** Gefäß | konnte er **glühend heiße** Kohlen | von einer Feuerstelle zur anderen tragen.

98 Wörter

Besondere Verbindungen mit Adjektiven und Partizipien

- **Zusammen** schreibt man folgende Verbindungen:
  - → **Adjektiv + Adjektiv** (gleichrangig): Wenn beide Adjektive gleichrangig sind, werden sie zusammengeschrieben. Bei längeren Verbindungen setzt man einen Bindestrich.
    nasskalt, taubstumm, rotbraun; deutsch-französisch, öffentlich-rechtlich
  - → **verstärkendes/abschwächendes Element + Adjektiv/Partizip:** Wenn das erste Element die Bedeutung des Adjektivs/Partizips verstärkt, werden sie zusammengeschrieben.
    bitterkalt, hellwach; altbekannt, stockbetrunken
  - → **Partizip**, dem ein **zusammengeschriebenes Verb** zugrunde liegt:
    zusammenarbeiten → die zusammenarbeitenden Personen;
    festnehmen → der festgenommene Dieb
- **Zusammen** oder **getrennt** kann man folgende Verbindungen schreiben:
  - → **Partizip**, dem eine **getrennte Wortgruppe** zugrunde liegt:
    Gewinn bringen → eine Gewinn bringende/gewinnbringende Firma;
    selbst backen → der selbst gebackene/selbstgebackene Kuchen
  - → Verbindungen mit **nicht:**
    nicht öffentlich/nichtöffentlich; nicht leitend/nichtleitend

Diktat 46 Das Eichhörnchen

LEVEL 2

Das Eichhörnchen ist mit seinen Krallen **perfekt ausgestattet**, | um **pfeilschnell** auf Bäume zu klettern | und **luftig-leicht** von Ast zu Ast zu springen. | Sein Fell ist **seidig glänzend** und **samtweich**. |

Die Tiere sind **unterschiedlich gefärbt**. | Ihr Rücken ist **hellrot** bis **braunschwarz**, | während die Bauchseite **weißlich grau** | oder **mattgelb** sein kann. |

Diese **äußerst flinken** Nager | sind **ganzjährig tagaktiv**. | Wenn es **stockdunkel** ist, | schlafen sie **gut geschützt** | in ihren **kugelrunden** Bauten. | Diese sind auch bei **nasskaltem** Wetter fast **wasserdicht**. |

Eichhörnchen ernähren sich von **essreifen** Nüssen, | die sie an **leicht auffindbaren** Stellen vergraben. | Manchmal wachsen jedoch | aus dem **verloren gegangenen*** Futter neue Bäume. |

Diese **wild lebenden*** Tiere | **handzahm** zu machen ist jedoch schwierig, | denn dazu sind sie viel zu **menschenscheu**.

116 Wörter

* *Hier sind auch andere Schreibweisen möglich: verlorengegangenen; wildlebenden. Im Text ist jeweils die Duden-Empfehlung angegeben.*

Diktat 47 Gesunde Ernährung

LEVEL 3

Sich gesund zu ernähren ist **furchtbar schwierig**. | Jeder verspürt eben manchmal **riesengroßen** Hunger | auf **süßsaure** Gummibärchen, | **zartbittere** Schokolade | oder **fetttriefende** Bratwürste. |

Besonders Kinder, | die noch **nicht selbstständig** entscheiden können, | was gut für sie ist, | greifen gern zu **zuckersüßen** oder **fettreichen** Lebensmitteln. |

Was tun? | Soll man nur noch **halbfette** Produkte kaufen | und ganz auf **dick machenden*** Zucker verzichten? | Dann wäre ja auch **selbst gebackener*** Kuchen **streng verboten**. |

Manche Ernährungsregeln sind **altbekannt** | und haben sich **gut bewährt:** | Zum Beispiel soll man mehrmals am Tag | **knackfrisches** Obst und Gemüse essen. |

Andere Tipps sind wenig **Erfolg versprechend*:** | Einige schwören auf Rohkost, | doch die ist **schwer verdaulich***. | Besser ist es, | **schonend gedünstete** Lebensmittel zu verzehren. |

Viele Berufstätige speisen in **firmeneigenen,** | **nicht öffentlichen*** Kantinen, | die meist nur **mäßig gesunde** Kost anbieten: | **steinharte** Schnitzel, | **breiartiges** Gemüse | oder **halb verkohlte*** Würstchen. | Wer **nicht berufstätig*** ist, | hat es da besser: | Er kann sein Essen selbst zubereiten.

148 Wörter

** Hier sind auch andere Schreibweisen möglich: dickmachenden; selbstgebackener; erfolgversprechend; schwerverdaulich; nichtöffentlichen; halbverkohlte; nichtberufstätig.*
Im Text ist jeweils die Duden-Empfehlung angegeben.

Adverbien, Konjunktionen, Präpositionen und Pronomen

- **Mehrteilige** Adverbien, Konjunktionen, Präpositionen und Pronomen schreibt man **zusammen**, wenn die einzelnen Teile **nicht mehr als selbstständige Wörter erkennbar** sind.
  → Adverbien: *bergab, jederzeit, kurzerhand, tagsüber*
  Konjunktionen: *anstatt, indem, seitdem, zumal*
  Präpositionen: *anhand, infolge, inmitten, zufolge, zuliebe*
  Pronomen: *derselbe, irgendwann, irgendetwas, jedermann*
- Sind die einzelnen Teile deutlich als **selbstständige Wörter** erkennbar, wird **getrennt** geschrieben.
  → Adverbien: *darüber hinaus, immer noch, vor allem, zu Ende, zu Fuß*
  Konjunktionen: *außer dass, ohne dass*
  Pronomen: *gar kein, so etwas, sonst jemand, ein wenig*
- Kann nicht entschieden werden, ob es sich um eine **Zusammensetzung** oder eine **Wortgruppe** handelt, sind **beide Schreibweisen** möglich.
  → Adverbien: *in Frage/infrage, zu Hause/zuhause*
  Konjunktionen: *so dass/sodass*
  Präpositionen: *an Stelle/anstelle, auf Grund/aufgrund, mit Hilfe/mithilfe, zu Gunsten/zugunsten*
- Verbindungen von **so**, **wie** und **zu** mit einem Adjektiv, Adverb oder Pronomen schreibt man **getrennt**, jedoch **nicht** die **Konjunktionen:** *sobald, sofern, solange, sooft, soviel, soweit, sowie, sowohl.*
  → *Er arbeitet **so** langsam. **Wie** viel Zeit braucht er? Er macht **zu** oft Pause.*
  *aber: Ich besuche dich, **sobald** ich kann/**sooft** es möglich ist/**sofern** es geht.*

Diktat 48 Das Internet

LEVEL 2

Mithilfe* des Internets können **irgendwelche** Fremde | **jederzeit** ganz private Dinge von **jedermann** erfahren. |

Aktuellen Umfragen **zufolge** | zieht das kaum **irgendwer in Betracht**. | Die Menschen sehen hier **zumeist gar kein** Problem. | **Aufgrund dessen*** veröffentlichen sie | unbekümmert persönliche Informationen, | **ohne dass** sie über die Folgen nachdenken. |

Doch **wie viel** Vertrauen | darf man diesem Medium schenken? | Vorsicht geboten ist **vor allem**, | **seitdem** bekannt wurde, | dass sich ausländische Geheimdienste | private Daten **zu eigen** machen. | Das geschieht häufig **zugunsten*** | wirtschaftlicher und politischer Interessen. |

Natürlich ist das Internet auch in vielen Bereichen | **von Nutzen** oder sogar **vonnöten**. | Man spart beispielsweise viel Zeit, | **indem** man **zu Hause*** eine E-Mail tippt, | **anstatt** einen Brief einwerfen zu müssen. |

Dennoch sollte man sich auch | über die Nachteile **im Klaren** sein, | **zumal** das Internet im Alltag immer wichtiger wird. | **So viel** ist jedenfalls sicher!

133 Wörter

** Hier sind auch andere Schreibweisen möglich: mit Hilfe; auf Grund dessen; zu Gunsten; zuhause. Im Text ist jeweils die Duden-Empfehlung angegeben.*

Diktat 49 Die Verhaftung

LEVEL 3

Irgendjemand musste ihn gesehen haben, | da er nun die Polizei **am Hals** hatte. | Doch wer kam **infrage***? | Ihm war elend **zumute***. |

Neuerdings stand immer **derselbe** Wagen vor der Tür. | **Irgendetwas** stimmte nicht. |

Er hätte seine Beute nicht **daheim** aufbewahren sollen. | **Sooft** es **tagsüber** möglich war, | kontrollierte er, ob noch alles **vor Ort** war. | Der Schmuck lag **immer noch** da wie **zuvor**. |

So bald schon würde er **in Sicherheit** sein! | Seiner Freundin **zuliebe** blieb er noch, | doch **sobald** er ihr die Wahrheit gesagt hatte, | wollte er aufbrechen. | Aber **so etwas** war **dermaßen** schwierig. | **Wie viel** sollte er ihr verraten? | Sie hatte ja **gar keine** Ahnung! | Vielleicht sollte er **beizeiten** fliehen, | **ohne dass** sie **im Bilde** war? |

Da hämmerte es an der Tür. | **So oft** hatte er diesen Fall geübt. | Doch **anstatt zu Fuß** | durch die Hintertür zu verschwinden, | öffnete er **kurzerhand**. |

Im Grunde war er froh, | als man ihn abführte. | **Immerhin** war das Versteckspiel nun **zu Ende**.

156 Wörter

* *Hier sind auch andere Schreibweisen möglich: in Frage; zu Mute. Im Text ist jeweils die Duden-Empfehlung angegeben.*

Alle Fälle der Getrennt- und Zusammenschreibung

Diktat 50 Regenwälder

LEVEL 3

Der **allergrößte Regenwald** wächst | entlang der **hellbraunen** Fluten des Amazonas*. | Dieser Fluss in den **feuchtwarmen** Gegenden **Südamerikas** | ist **riesig groß**. |

Regenwälder sind **äußerst artenreich**. | **Grellbunte Vogelarten** gibt es dort **ebenso** | wie **handtellergroße** Schmetterlinge | und **hochgiftige Spinnentiere**. |

Insofern ist es **todtraurig**, | dass die **immergrünen** Tropen | **aufgrund**** der **Abholzung** der **uralten Baumbestände** | immer **kleinflächiger** werden. | Pro Minute wird Wald in der Größe von ungefähr | vier **Fußballfeldern kahl geschlagen****. | Die **neu gewonnenen**** Flächen | werden als **Anbaugebiete** für **Futtermittel** genutzt, | oder man gräbt dort nach **wertvollen Bodenschätzen**. |

Da dieses Problem **menschengemacht** ist, | muss **jedermann ein wenig achtgeben**** | und seinen **Beitrag leisten**, | damit die Natur **erhalten bleibt**. |

Benutze **umweltfreundliches** und **kostengünstiges Recyclingpapier***. | Verwende für dein **Schulbrot** eine **wiederverwendbare** Dose, | **anstatt** es in **Butterbrotpapier** | oder **Plastikfolie einzuwickeln**. | Und kaufe **keinesfalls Pelzprodukte** von **wild lebenden**** Tieren. | Das kommt dem Regenwald **zugute**!

134 Wörter

* *Die Schreibung sollte vorgegeben werden.*
** *Hier sind auch andere Schreibweisen möglich: auf Grund; kahlgeschlagen; neugewonnenen; Acht geben; wildlebenden. Im Text ist jeweils die Duden-Empfehlung angegeben.*

Dehnung

Nicht nur Autos gibt es in unterschiedlichen Längen. Auch Vokale können kurz oder lang sein. Das kannst du deutlich hören: P**o**rsche – **O**pel.

In diesem Kapitel geht es um die langen, also die **gedehnten Vokale**. Manchmal wird diese Dehnung durch bestimmte **Kennzeichen** signalisiert:

- Bei einigen Wörtern wird der lange Vokal durch ein **Dehnungs-h** markiert: *Zahl, nehmen, hohl*
- Ein **langes i** erhält meistens ein nachfolgendes **e**: *Liebe, biegen, viel*
- Die **Vokale a, e** und **o** können **verdoppelt** werden: *Waage, See, Moor*

Die Kennzeichnung langer Vokale erfolgt allerdings unregelmäßig. Meistens bleiben die langen Vokale **ungekennzeichnet**: *Wal, leben, Los, du*

Dehnung mit h

- Bei einigen Wörtern folgt nach einem **langen Vokal** das sogenannte **Dehnungs-h**. Es steht **nur** vor den Konsonanten **l**, **m**, **n** oder **r**.
  → *Sahne, kehren, Lohn, Ruhm, wählen, Möhre, führen*
- Die meisten Wörter mit **langem a**, **e**, **o** oder **u** bzw. mit **Doppellaut** (ai, au, äu, ei, eu) werden allerdings **nicht** besonders **gekennzeichnet**.
  → *Nadel, geben, Bote, klug; Kaiser, laufen, Räuber, leider, Meute*
- Auch vor den Konsonanten **l**, **m**, **n** oder **r** muss **nicht immer** ein Dehnungs-h stehen.
  → *Tal, reimen, Ton, Schnur*
- Ein **h** kann auch zwischen einem **langen** und einem **kurzen Vokal** stehen, um die **Silbengrenze** anzuzeigen. Dann spricht man von einem **silbentrennenden h**. Es bleibt bei Wörtern derselben Wortfamilie erhalten.
  → *dro-hen → Drohbrief, ru-hig → geruhsam, nä-hen → Naht*

Diktat 51 Aufs Rad gekommen

LEVEL 1

Über **mehrere Jahrtausende** | hatten die Menschen keine **Wahl:** | Sie mussten zu Fuß **gehen.** | Später **zähmten** sie Pferde | und **fuhren** in Kutschen. | Doch dafür **fehlte** den meisten Leuten das Geld. |

Anfang des **neunzehnten Jahrhunderts** | kam dann das Laufrad in Mode. | Dies war so **ähnlich** wie ein **Fahrrad,** | nur **ohne** Pedale. |

Das danach **eingeführte** Hochrad | erreichte zwar **höhere** Geschwindigkeiten, | war aber ziemlich **gefährlich** | und deswegen bald verboten. |

In der Folge wurde ein **Rahmen** aus **Stahl** üblich | und der Kettenantrieb **bewährte** sich. | Heute sind oft **mehr Radfahrer** | als andere **Verkehrsteilnehmer** | auf der **Fahrbahn** zu **sehen.**

92 Wörter

Diktat 52 Pech gehabt!

LEVEL 2

Gestern war ein **wahrhaft unangenehmer** Tag: | Zum **Frühstück** gab es kein Müsli **mehr** | und dann fand ich meine **Zahnbürste** nicht. | **Obwohl** ich mich beeilte, | verpasste ich auch noch die **Bahn** | und musste mit dem späteren Zug **fahren**. | Erst um **zehn Uhr** | kam ich in der Schule an. |

Im Klassenzimmer versuchte ich, | unbemerkt zu meinem **Stuhl** zu **gehen**. | Unsere **Lehrerin nahm** mich zum Glück nicht **wahr**, | weil sie zu **sehr** mit den **Zahlen** | an der Tafel beschäftigt war. | Ich war **froh**, nicht getadelt zu werden.

Plötzlich **drehte** sie sich um | und **durchbohrte** mich mit einem finsteren Blick: | Vor lauter Panik **übersah** ich eine Schultasche | und landete auf dem Boden. | Alle **johlten** aus voller **Kehle**. | **Ehrlich**, so ein Tag kann einem **gestohlen** bleiben!

121 Wörter

Diktat 53 Warum gähnen wir?

LEVEL 3

Es ist eine **Fehlannahme**, | dass wir beim **Gähnen** träge oder **ruhig** werden. | **Während** wir **gähnen**, | **erhöht** sich nämlich unser Puls, | wodurch **mehr** Blut ins Gehirn gelangt. | Zudem wird unser Hirn | durch die frische Luft **gekühlt**. | Dadurch **fühlen** wir uns wacher. |

Das **geht** auch **zahlreichen** Tieren so: | Manche gähnen jedoch nicht nur, | wenn sie müde und schläfrig sind, | sondern auch bei **Gefahr**. | Bei Affen ist das Gähnen sogar eine **Drohgebärde**. |

Jeder kennt sicher auch diese sonderbare **Erfahrung:** | Wenn man anderen beim Gähnen **zusieht**, | ist es um einen **geschehen** | und man muss die Geste **nachahmen**. | Insbesondere **feinfühlige** Menschen neigen dazu, | denn sie können **sehr** gut **nachvollziehen**, | was andere spüren. |

Forscher **nehmen** darum an, | es könnte eine uralte Sprache **ohne** Worte sein. | Gähnen ist jedenfalls eine **wahrhaft** | kluge Erfindung der Natur!

128 Wörter

Dehnung mit ie

- Ein **langes i** wird meist durch **ie** gekennzeichnet.
  → *Sieg, Liebe, hier, vier, ziemlich*
- Viele **Verben** enden auf **-ieren**. Diese Wörter stammen ursprünglich aus einer anderen Sprache.
  → *blamieren, kassieren, telefonieren, interessieren, passieren*

Diktat 54 Neugier kommt vor dem Fall

LEVEL 1

Tim war **wieder** einmal **ziemlich** gespannt | auf seine Geburtstagsgeschenke. | Ob ein **Computerspiel** dabei sein würde? | Er **spekulierte** auch auf neue **Gummistiefel**. |

Heimlich öffnete er den **Spiegelschrank** der Eltern. | Ganz oben sah er **viele** Päckchen **liegen**. | Er stellte sich auf Zehenspitzen | und **hielt** sich am Regalbrett fest. | In **diesem** Moment kippte das Brett weg | und Tim begann, das Gleichgewicht zu **verlieren**. | Polternd **fiel** er zu Boden. |

Der Lärm **alarmierte** seinen Vater, | der **interessiert** ins Zimmer blickte. | „Wer zu **neugierig** ist, | dem kann so etwas **passieren**“, | lachte er. | „**Hier** bitte, deine Geschenke. | Ich **gratuliere** dir | zu deinem **vierzehnten** Geburtstag!“

97 Wörter

Besonderheiten beim langen i-Laut

- Bei manchen **Fremdwörtern** hat das lange i **kein Dehnungszeichen**.
  → *Maschine, Medizin, Vitamine, Limousine, Bibel, stabil*
- Beachte auch die Schreibweise bestimmter **Pronomen**. Das lange i wird manchmal nur als **einfaches i** oder mit **ih** geschrieben.
  → *mir, dir, wir; ihm, ihnen, ihr, ihren, ihrer*
- Einige wenige Wörter mit **ie** werden zusätzlich mit einem **Dehnungs-h** oder einem **silbentrennenden h** gekennzeichnet.
  → *Vieh, fliehen, ziehen, es geschieht*
- Manchmal macht es auch einen **Bedeutungsunterschied** aus, ob ein Wort mit **ie** oder **i** geschrieben wird.
  → *wieder (noch einmal) – wider (gegen); Lied (Singstück) – Lid (Augenlid); Stiel (Stange) – Stil (Art und Weise); Miene (Gesicht) – Mine (Bleistift)*

Diktat 55 Ein misslungener Einbruch

LEVEL 2

Ein **Dieb** überlegte: | Was könnte er dem Landwirt stehlen? | **Vielleicht wieder** eine **Ziege**? | Doch der Gestank **dieses Viehs** | **gefiel ihm** nicht. | **Lieber** ein paar **Liter vitaminreiche** Milch? | Nur **wie** sollte er **die transportieren**? |

Da erblickte er in der Speisekammer | einen **riesigen** Schinken. | Der machte **Appetit**! | Er wartete, bis der Bauer **friedlich schlief**, | und schlich dann in die Kammer. | **Ihre** Tür **quietschte**. | Hoffentlich hatte **ihn niemand** gehört! | **Wider** Erwarten **blieb** es ruhig. | **Prima**! |

Doch plötzlich **probierte** jemand, | die Tür **aufzuziehen**, | die er mit einem **Besenstiel verriegelt** hatte. | Der **Dieb schrie** auf, | sprang aus dem Fenster | und **lief** über die **Wiese** davon. |

Aus dem Stall drang das **Wiehern** der Pferde. | Seine **Miene** verfinsterte sich, | als ihm **einfiel:** | Er hätte einen **dieser Vierbeiner** stehlen sollen! | Mit dem **Tier** hätte er wunderbar **fliehen** können.

130 Wörter

Diktat 56 Werner von Siemens

LEVEL 3

Werner von **Siemens** lebte von 1816 bis 1892. | Seine Eltern konnten dem **wissbegierigen** jungen Mann | kein Studium **finanzieren**. | Deshalb ging er zum Militär. |

Dort lernte er nicht nur **marschieren**, | sondern er **erhielt** auch eine Ausbildung | in seinem **Lieblingsgebiet**, den Naturwissenschaften. | So entwickelte er für **die Marine** | zum **Beispiel** **Unterwasserminen**, | die deutsche Häfen vor **kriegerischen** Angriffen schützten. |

Sein Leben **verlief** aber nicht ohne **Krisen:** | Weil er bei einem Duell **assistiert** hatte, | musste er ins Gefängnis. | Doch anstatt zu **resignieren**, | erfand das **Genie** eine Technik, | durch die man Dinge mit Gold | oder Silber **überziehen** konnte. | Auch **viele** andere Erfindungen sind sein **Verdienst**, | **wie** etwa der Generator, | eine **Maschine** zur Erzeugung elektrischer **Energie**. |

Dies bedeutete eine Revolution für die **Industrie**. | Es war nun nicht mehr **schwierig**, | Strom billig und bequem zu **produzieren**. | Der **Siegeszug** des Elektromotors begann.

134 Wörter

Dehnung durch Vokalverdoppelung

- Bei einer kleinen Gruppe von Wörtern wird der lange Vokal durch **Verdoppelung** gekennzeichnet. Verdoppelt werden nur die Vokale **a, e** und **o**.
  → *Staat, Waage, Beet, leer, Moor, Zoo*
- **Nicht verdoppelt** werden die Umlaute **ä** oder **ö** – auch wenn die betreffenden Wörter auf Grundformen mit aa oder oo zurückzuführen sind.
  → *Härchen, Pärchen, Säle, Bötchen*
  aber: Haar, Paar, Saal, Boot

Diktat 57 Gärtnern will gelernt sein

LEVEL 2

Als kein **Schnee** mehr lag, | kam mir die **Idee**, | ein **Beet** für **Erdbeeren** anzulegen. | Ich suchte mir ein Stück Rasen, | entfernte Gras, **Klee** und **Moos** | und **leerte** einen Sack frischer Erde aus. | Ich achtete darauf, keinen Torf zu nehmen, | weil dafür **Moore** zerstört werden. | Dann brachte ich die **Saat** aus. |

Bald kamen **Heerscharen** von Tieren herbei, | fast ein ganzer **Zoo:** | Ein **Ameisenstaat** baute eine Straße | quer durch meinen Garten, | Spinnen mit ekligen **Härchen** an den Beinen | spannten ihre Netze zwischen den Trieben | und ein **Schneckenpärchen** hielt mein Beet | für seinen persönlichen **Speisesaal**. | Am Ende ging ich **leer** aus. |

Das wird mir eine Lehre sein. | Nächstes Jahr werde ich keine **Beeren** mehr pflanzen, | sondern lieber an den **See** radeln | und mich dort in der Sonne **aalen** | oder **Bötchen** fahren.

128 Wörter

Alle Möglichkeiten der Dehnung

Diktat 58 Ein Rezept für Tomatensoße*

LEVEL 1

Ihr braucht **siebenhundert** Gramm **passierte** Tomaten, | das sind **ungefähr** zwei Dosen, | ein **paar Stiele** Basilikum, | grünen Pfeffer, | einen **Teelöffel Gelierzucker**, | eine **Idee** Rotweinessig | und eine **Prise** Paprikapulver. | Für **die** Gewürze ist keine **Waage** nötig, | verwendet **diese** einfach nach **Gefühl**! |

Vermischt die Zutaten | und bringt das Ganze unter **Rühren** | **allmählich** zum Kochen. | **Anschließend** muss die Soße* zwanzig Minuten | auf **niedriger** Stufe köcheln. | Dann könnt ihr den Topf vom Herd **nehmen**. |

Vor dem **Servieren** schmeckt ihr die Soße* | nach **Belieben** mit Salz ab, | um **sie** dann mit Nudeln zu **genießen**.

88 Wörter

* *Auch möglich: Sauce. Im Text ist die Duden-Empfehlung angegeben.*

Übrigens ...

benutzt man in Spanien Tomaten manchmal für etwas ganz anderes.

In der letzten Augustwoche findet in einem kleinen spanischen Ort alljährlich die „Tomatina“ statt – ein Fest, bei dem Tonnen von überreifen und daher nicht mehr genießbaren Tomaten in einer spielerischen Schlacht durch die Straßen geworfen werden.
Tausende Touristen aus aller Welt reisen eigens dafür an. Nach der Schlacht fließen ganze Flüsse aus Tomatensaft durch die Straßen!

Diktat 59 Blut – ein ziemlich interessanter Saft

LEVEL 2

Durch einen Erwachsenen **fließen** | **ungefähr** sechs **Liter** Blut, | das **vornehmlich** aus Wasser **besteht**. | Daneben enthält Blut **unzählige** rote Blutkörperchen. | **Sie transportieren** den Sauerstoff. | **Die** weißen Blutkörperchen **wehren** Eindringlinge ab, | zum **Beispiel Viren**. |

Durch eine **Blutabnahme** kann man **sehen**, | **wie** es unserem Körper **geht**. | Im Blut schlägt sich nämlich auch | unser **Ernährungsstil nieder**. |

Beim blauen Fleck **spielt** Blut ebenfalls eine Rolle. | Er **entsteht**, wenn man **beispielsweise** | beim Fußball aus **Versehen** | einen Tritt gegen das **Schienbein kassiert**. | Weil die Haut **sehr stabil** ist, | **sieht** man zuerst nichts, | doch darunter **entsteht** ein **Blutsee**. | **Dieser** ist für **gewöhnlich ungefährlich**, | denn die Blutgefäße **ziehen** sich **wieder** zusammen. | **Kühlen** hilft **hier** – einfach **ausprobieren**!

107 Wörter

Diktat 60 Das Ende des Königs

LEVEL 3

Der **grauhaarige** König saß mit **fahlem** Gesicht | in seinem prächtigen **Saal**, | als sich eine feindliche Reiterschar | dem Schloss **näherte**. | Das **Dröhnen** der Hufe | hallte von den Wänden **wider**. |

Es war **wahrlich** ein **Fehler**, | als er damals **entschieden** hatte, | **lieber** in **Frieden** in seinem Palast zu leben, | anstatt gegen seine **Widersacher** | **wieder** in den **Krieg** zu **ziehen**. | Nun musste er sich **eingestehen:** | Seine **Uhr** war abgelaufen, | er würde seinen **Staat verlieren**. |

Er **fühlte** sich uralt. | Müde hob er seine **Lider**, | als er **die kriegerischen Lieder vernahm**. | Sein einst so großes **Heer** | gab nicht **mehr viel** her, | es bot **eher** einen traurigen Anblick. | **Viele** Soldaten hatten sogar **Boote gestohlen**, | um dem **nahenden** Kampf | über das **Meer** zu **entfliehen**. |

Der **früher** mächtige **Gebieter** | bereitete sich nun **seelisch** darauf vor, | seinen **widerspenstigen** Gegnern | **ausgeliefert** zu werden, | **während diese** schon durch das Tor kamen, | um **ihn** zu holen.

143 Wörter

Schärfung

Wie du bereits im vorigen Kapitel (Dehnung) gelernt hast, können Vokale kurz oder lang sein. In den Diktaten auf den nächsten Seiten geht es um die **kurzen, „geschärften" Vokale**. Diese werden meist durch bestimmte **Kennzeichen** signalisiert:

- Nach einem kurzen Vokal steht ein **Doppelkonsonant:** *Kamm, rennen*
- Die **Konsonanten k** und **z** werden nicht verdoppelt. Um anzuzeigen, dass der Vokal davor kurz ist, schreibt man stattdessen **ck** bzw. **tz:** *dick, Hecke; nutzen, Katze*
- Auf einen kurzen Vokal können auch **zwei oder mehrere verschiedene Konsonanten** folgen: *wild, Wespe, Fenster, durstig*

Wie bei den langen Vokalen gibt es auch bei den kurzen ein paar Ausnahmen – hier folgt nur **ein Konsonant:** *Bus, bin, hat, das, mit*

Konsonantenhäufung / Doppelkonsonant nach kurzem Vokal

- Nach einem **kurzen, betonten Vokal** folgen unmittelbar danach **zwei** oder **mehrere Konsonanten**.
  → *Schrank, werfen, Hirsch, holprig, Bürste*
- Hörst du nach einem **kurzen, betonten Vokal** nur einen Konsonanten, musst du ihn beim Schreiben verdoppeln. Zwei gleiche Konsonanten bezeichnet man als **Doppelkonsonanten**.
  → *Mann, kennen, billig, hoffen, Kummer*
- Der **Doppelkonsonant** bleibt bei Wörtern derselben **Wortfamilie** in der Regel erhalten, auch wenn danach weitere Konsonanten folgen.
  → *Mann → männlich, kennen → Kennzeichen, hoffen → Hoffnung*

Diktat 61 Warum zirpt die Grille?

LEVEL 1

Das Zirpen von **Grillen** hast du | **bestimmt** schon einmal **vernommen**. | Du **kannst** sie vor **allem** | im **Sommer trillern** hören, | nachdem die **Sonne** untergegangen ist. |

Die **brummenden** Laute erzeugen die Grillen | aber nicht mit ihrer **Stimme**. | Der **Schall** entsteht, | **wenn** sie ganz **schnell** ihre Flügel reiben. |

Das **können** aber nur die **Männchen**. |
Damit **wollen** sie den Weibchen **gefallen**. |
Sie **hoffen**, so eine Partnerin zu **bekommen**.

64 Wörter

Diktat 62 Brillen – damals und heute

LEVEL 2

Eine **Brille** zu tragen ist nicht **schlimm**, | **denn** es gibt **Modelle** | in **tollen** Formen und **schillernden** Farben. |

Im **Mittelalter sollte** man sich **allerdings** | noch **hässliche** Ungetüme auf die Nase setzen, | **wenn** man **besser** sehen **wollte**. | Die **Gestelle** waren aus Holz, | Knochen oder **Metall**. |

Die Gläser wurden zunächst aus einem **Kristall** | namens Beryll* **geschliffen**. | Daher **kommt** auch der Name für die Brille. | Erst später wurden Glas und **Kunststoff** verwendet. |

Früher **musste** man seine Brille | auch noch mit der Hand **umklammern**, | damit sie nicht zu Boden **fallen konnte**. | Ohrenbügel **kannte** man noch nicht, | sie sind erst später **aufgekommen**.

96 Wörter

* *Die Schreibung sollte vorgegeben werden.*

Diktat 63 Samuel Colt* und sein Revolver

LEVEL 3

Den Colt **kennt** man aus alten Western. | Nur wenige **wissen** aber, | welcher **Mann** sich hinter dem Namen **verhüllt**. |

Samuel Colt **stammt** aus den USA, | er kam 1814 zur Welt. | Als Junge heuerte er auf einem **Schiff** an. | Dort **dämmerten** ihm bereits die ersten **Einfälle** | zu seiner **fortschrittlichen Waffe**. |

Mit einer **rollenden Trommel**, | die sich wie ein Ruder drehte, | **sollten** die Patronen **schneller abgeschossen** werden. | Daneben **stattete** Samuel Colt sein **Modell** | mit einer **völlig** neuen Zündung aus, | bei der die Patrone | durch den **Aufprall** des **Hammers** zündete. |

Eine Serienproduktion, durch die der Colt | **billig** und in **Massen hergestellt** werden **konnte**, | **verschaffte** ihm **dann** den **erhofften** Durchbruch. | Seitdem gilt der Colt | als **Inbegriff** des Wilden Westens.

114 Wörter

* *Die Schreibung sollte vorgegeben werden.*

ck und tz nach kurzem Vokal

- Der Konsonant **k** wird im Deutschen nicht verdoppelt. Nach kurzem Vokal schreibt man dafür **ck**.
  → *La**ck**, De**ck**e, ni**ck**en, Ho**ck**er, gedru**ck**t*
- Auch der Konsonant **z** wird nicht verdoppelt. Stattdessen schreibt man nach kurzem Vokal **tz**.
  → *Ta**tz**e, we**tz**en, Hi**tz**e, plö**tz**lich, pu**tz**en*
- Es gibt allerdings ein paar **Fremdwörter** mit **kk** und **zz**.
  → *Sa**kk**o, A**kk**usativ, Mo**kk**a, Ma**kk**aroni, Maro**kk**o, A**kk**u, A**kk**ord; Pi**zz**a, Ski**zz**e, Ra**zz**ia, Pala**zz**o, Mue**zz**in, Pu**zz**le*
- Beachte: Nach den Konsonanten **l**, **n** und **r** wird **niemals ck** oder **tz** geschrieben.
  → *Kal**k**, den**k**en, tür**k**isch; Sal**z**, win**z**ig, stür**z**en*

Diktat 64 Wie man sich die Nase putzt

LEVEL 1

Im alten Rom war es **gänzlich** unhöflich, | sich öffentlich die Nase zu **putzen**. | Julius Cäsar* soll, | wenn es ihn in der Nase **kitzelte**, | einfach in seine Toga **geschnäuzt** haben. |

Die Chinesen waren dagegen schon vor 2 000 Jahren | **stolze Besitzer** von Taschentüchern, | die sie aus **Pflanzen** herstellten. |

In Europa hat es noch **ganz** lange gedauert, | bis man ein Taschentuch **benutzte**. | Davor **schnäuzte** man einfach **herzhaft** in die Hand | und wischte den **Rotz** ab. | Das ist kein **Scherz**, | auch wenn dies heute **witzig** erscheint. |

Unser **jetziges** Papiertaschentuch | ist eine **nützliche** Erfindung der späten **Neuzeit**. | Man **erzeugt** es aus **winzigen Holzschnitzeln**.

99 Wörter

* *Die Schreibung sollte vorgegeben werden.*

Diktat 65 Das Trampeltier

LEVEL 2

Ein Trampeltier ist kein **rücksichtsloser** Mensch, | sondern ein **wirkliches** Tier. | Es ist ein Kamel mit zwei **Höckern** | und einem **dicken Nackenfell**. | Es kann genauso gut **spucken** wie Lamas. |

Trampeltiere sind **perfekt** an die **Trockenheit** angepasst: | Sie speichern in ihren **Buckeln** viel **Speck** | und brauchen kaum Wasser. | Wenn sie jedoch **trinken**, | **schlucken** sie **eindrucksvolle** 120 Liter hinunter. |

Die Hengste haben noch einen **bemerkenswerten Trick:** | Sie **pinkeln** auf ihren Schwanz | und fächern sich damit Kühlung zu. | Dies hat zudem den **Zweck**, | ihr Gebiet zu **markieren**. |

Man verwendet Trampeltiere meist als **Packtiere**. | Daneben kann man ihren Mist **trocknen** | und Feuer damit machen. | Auf ihrem **Rücken** zu reiten ist jedoch **heikel**, | weil sie so **stark wackeln** und **schaukeln**.

114 Wörter

Diktat 66 Pizza mit Hindernissen

LEVEL 3

In **Gedanken sitze** ich auf der Terrasse meines **Palazzos**, | eingehüllt in ein **Sakko**, | und **trinke** einen **geschmackvollen türkischen Mokka** … |

Doch in Wahrheit **hocke** ich | auf dem **Balkon** meiner **winzigen** Wohnung, | **stecke** in einer alten **Jacke** | und **schlucke** einen **schrecklichen** Pulverkaffee hinunter. | Meine **Katze sitzt** auf ihrem **Platz**, | **leckt** sich die **Tatzen** | und **guckt** mich **keck** an. |

Im **Backofen** liegt eine **leckere Pizza**, | sie duftet **verlockend**. | Als der **Küchenwecker** klingelt, | **wick(e)le** ich mir ein Tuch um die Hand | und hole sie heraus. | Doch ich habe die **Tücken** der **Hitze unterschätzt:** | Vor **Schmerz** schreie ich auf. | Die Pizza fliegt aus dem Fenster | auf das **Heck** eines **schicken** Porsches. |

Meine **Mieze** macht **erschreckt** einen **Buckel** | und **versteckt** sich in der **Ecke**. | Auch wenn das Fahrzeug nicht **schmutzig wirkt:** | Eine **Rückkehr** der **Pizza** | auf meinen Teller ist **undenkbar**.

135 Wörter

Ausnahmen bei der Schärfung

- Bei einigen **einsilbigen** Wörtern, vor allem **Fremdwörtern** aus dem Englischen, folgt auf den kurzen Vokal nur ein **einfacher Konsonant**. Bei **zweisilbigen** Wörtern dieser Wortfamilie **verdoppelt** sich der Konsonant.
  → *Job, Jet, fit, Pop, Bus*
  aber: jobben, jetten, fitter, poppig, Busse
- Auch bestimmte grammatische **Funktionswörter** schreibt man trotz kurzem Vokal nur mit einem **einfachen Konsonanten**.
  → *an, bis, mit, ob, von*
- Bei Nomen mit der Nachsilbe **-in** oder **-nis verdoppelt** sich in der **Pluralform** das n bzw. s.
  → *Künstlerin → Künstlerinnen; Hindernis → Hindernisse*

Diktat 67 Ein Job im Café

LEVEL 2

Über eine **Freundin** bekam ich **das** Angebot, | als **Kellnerin in** einem Café zu **jobben**. | Da täglich **Busse vom** Haus meiner Eltern | **bis zum** Lokal fahren, | sagte ich zu. |

Mit dem **Job bin** ich zufrieden. | Die **Kolleginnen** sind nett, | und durch die viele Bewegung | werde ich immer **fitter**. | Nur **ab** und zu gibt **es** **Missverständnisse**. |

Als ich gestern zwei **Kundinnen** | eine Eisschokolade brachte, | blickten sie mich **an**, | als **ob** ich sie veralbern wollte. | Endlich wurde mir klar: | Es handelte sich **um** französische **Austauschschülerinnen**, | die den Buchstaben h nicht aussprechen konnten. | Sie hatten heiße Schokolade trinken wollen. | Solche **Erlebnisse** vergisst **man** nicht!

100 Wörter

Alle Möglichkeiten der Schärfung

Diktat 68 Stechmücken

LEVEL 1

Mücken, Moskitos oder Schnaken, | egal wie man sie **nennt**, | sie **wollen alle** unser Blut **schmecken**! | **Allerdings** stechen nur die Weibchen. |

Sie haben einen **Stechrüssel** | mit **gezackter** Oberfläche. | Damit **ritzen** sie die Haut | nur an einer winzigen **Stelle** ein. | So **nimmt** man die **Verletzung** nicht wahr. | **Zusätzlich spritzen** sie auch etwas Speichel hinein, | der den Schmerz **hemmt**. | Erst **wenn** die **Mücke** | schon wieder auf und davon **geflattert** ist, | **beginnt** der **Juckreiz**. |

Forscher arbeiten an der **Entwicklung** einer **Spritze**, | die das **Modell** eines **Mückenrüssels** nachbildet | und deren Einstich man nicht merken **soll**.

90 Wörter

Diktat 69 Wedeltennis

LEVEL 2

Wedeltennis ist ein wirklich **witziges** | und **geselliges** Spiel. | Man braucht dazu | einen **Tischtennisball** und Schläger. | **Vorkenntnisse** sind nicht nötig. |

Den **Ball** legt man in die **Mitte** | eines großen, **viereckigen Brettes**. | Um die Grenze zu markieren, | **muss** die **Platte** mit einem **Stück** Kreide | durch eine **dicke** Linie | in zwei Hälften **getrennt** werden. |

Dann beginnt der Spaß: | **Alle** versuchen, mit dem Schläger | so stark zu wedeln, | dass der Ball auf der Gegenseite | von der **Tischplatte rollt**. | Dabei **soll** der Schläger den Ball nicht **treffen**. |

In der **Hitze** des Gefechts | **prallen** die Schläger manchmal **zusammen**. | Eine meiner **Freundinnen** hat mir | schon einmal* meinen Schläger **zerschmettert**. |

Wenn ich **gewonnen** habe, | bin ich **immer** bester **Stimmung**. | Zum **Glück** gehöre ich | oft zu den **Gewinnerinnen**.

* *Je nach Betonung auch möglich: ein Mal.*

119 Wörter

Diktat 70 Zucker

LEVEL 3

Zucker macht **glücklich**! | Er **steckt** in **leckeren** Dingen wie Schokolade. | Zwar **sollten** wir keine **Massen** davon **verdrücken**, | doch ein Leben ohne dieses **Genussmittel** | wäre auch nicht **vorstellbar**. |

Bei uns wird Zucker aus **Zuckerrüben gewonnen**. | Am Ende des **Sommers** | **sammeln** Erntehelfer oder **Erntehelferinnen** | die **stattlichen** Rüben auf dem **Acker** ein. | **Dann** werden sie in **Fabrikhallen** | in kleine **Stücke geschnitten**. | Diese **nennt** man **Rübenschnitzel**. | **Erhitzt** man sie auf siebzig Grad | und gibt Kalk dazu, | **können** sich der **Schmutz** | und andere **nutzlose Stoffe absetzen**. |

Im **Anschluss** wird die **Zuckersuppe** gekocht. | Dadurch entsteht ein **dickflüssiger** Saft. | Den **muss** man so lange **trocknen**, | bis nur noch die winzigen **Kristalle** übrig sind. |

Der fertige Zucker wird dann **abgefüllt** und **verschickt**. | Und schon **kann** man daheim | die Schürze **umwickeln** und Kekse **backen**.

125 Wörter

Übrigens …

war Zucker früher ein ziemlich wertvolles Gut.

Anfangs konnte Zucker nur aus Zuckerrohr gewonnen werden. Da dies nur in wärmeren Ländern wächst, musste der Zucker aus Übersee importiert werden. Erst Mitte des 18. Jahrhunderts entdeckte der Chemiker Andreas Sigismund Marggraf den Zuckergehalt der heimischen Zuckerrüben.

Der s-Laut

Beim s-Laut musst du genau hinhören, denn nach der **Aussprache** richtet sich auch die Schreibung:

- Das **stimmhafte s** – die Aussprache ist weich wie das Summen einer Biene, die Stimmbänder werden dabei benutzt – schreibt man **immer s:** *sicher, lesen*
- Das **stimmlose s** – die Aussprache ist scharf wie das Zischen einer Schlange, die Stimmbänder werden nicht benutzt – schreibt man **meist ss** oder **ß:** *lassen, Fuß*

In **manchen Regionen** von Deutschland klingen beide s-Laute **gleich**. In diesem Fall musst du die Schreibweise der Wörter **auswendig lernen:** *reisen* (stimmhaft) – *reißen* (stimmlos)

Häufig verwechselt werden auch die Wörter **dass** (Konjunktion) und **das** (Artikel, Pronomen), denn man spricht sie gleich aus. Achte genau darauf, welche **grammatische Funktion** das Wort im Satz hat, dann weißt du auch, welche Form richtig ist.

Schreibung mit s am Wortanfang

- Am **Wortanfang** wird der s-Laut **immer** mit **einfachem s** geschrieben.
  → *__S__äge, __s__ehr, __s__ingen, __s__ofort, __s__uchen*
- Bei Wörtern, die mit den Buchstabenpaaren **st** oder **sp** beginnen, hört man den Laut **sch**, man schreibt aber nur ein **einfaches s**.
  → ***st**ill (gesprochen: schtill)*
  ***Sp**ort (gesprochen: Schport)*

Diktat 71 Mit allen Sinnen

LEVEL 1

Mit den Knospen auf unserer Zunge schmecken wir. | **Sie stellen** fest, | ob zum Bei**spiel** die **Suppe** | **sauer** oder **salzig** ist. |

Spiele Blinde Kuh und du merkst, | was für ein **starker Sinn** das **Sehen** ist. |

Die Ohren **sammeln** Geräusche. | Zudem **steuern sie** unser Gleichgewicht. |

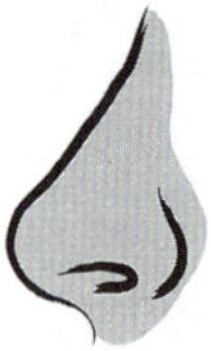

Unsere Nase dagegen **sucht** nach Gerüchen. | **Stinktiere** können ihren **streng** riechenden* **Stoff** | übrigens bis zu **sechs** Meter weit **spritzen**. |

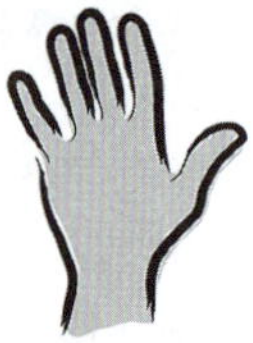

Schon **Säuglinge** brauchen **sanfte** Berührungen. | Daneben warnt der Tastsinn vor Gefahren | wie einem **spitzen Stein** unter der **Sohle**.

80 Wörter

* *Auch möglich: strengriechenden. Im Text ist die Duden-Empfehlung angegeben.*

Schreibung mit s oder ß nach langem Vokal

Nach einem **langen Vokal** oder **Doppellaut** schreibst du **s** oder **ß**.
Achte hier genau auf die Aussprache des **s-Lautes**.

- Ist der s-Laut **stimmhaft** (weich), schreibt man **immer** ein **einfaches s**.
  → *Dose, lesen, rasend, Speise*
- Ist der s-Laut **stimmlos** (scharf), schreibt man im **Wortinnern** ein **ß**.
  → *Straße, grüßen, außen, äußerst*
- Am **Wortende** bzw. **Silbenende** ist der s-Laut immer **stimmlos**.
  Hier kannst du durch **Wortverlängerung** prüfen, ob **s** (Laut **wird weich**) oder **ß** (Laut **bleibt scharf**) richtig ist.
  → *Gras → Gräser, Eis → eisig, Haus → Häuser;*
  groß → größer, Fleiß → fleißig, Gruß → Grüße

Diktat 72 Vorsicht Glas!

LEVEL 1

Vieles ist aus **Glas:** | die Brille auf der **Nase,** | die Laterne an der **Straße,** | das **Trinkgefäß** für die **Pause,** | die **Vase** für den **Blumenstrauß.** |

Den **Anstoß** für seine Erfindung | gab eine zufällige Entdeckung | vor **Tausenden*** von Jahren: | Bei **großer** Hitze beginnt Sand | zu **fließen** wie **Grießbrei** | und erstarrt **anschließend** zu einem Klumpen. | **Diesen Kloß** kann man in Form **blasen,** | solange er noch **heiß** ist. |

Glas ist zerbrechlich, | **außer besonderes Sicherheitsglas.** | **Panzerglas beispielsweise** | enthält mehrere Schichten **reißfester** Folie. | **Also** kann man **problemlos** mit dem **Fuß** | gegen die **Außenseite stoßen** | oder sogar darauf **schießen.**

92 Wörter

* *Auch möglich: tausenden. Im Text ist die Duden-Empfehlung angegeben.*

Diktat 73 Milch ist gesund

LEVEL 2

Wir sind **fleißige** Milchtrinker. | Viele **gießen** sie **regelmäßig** über ihr **Müsli**, | bevor sie morgens aus dem **Haus** gehen. |

Auch in Form von **süßem Eis** | ist Milch über die **Maßen** beliebt. | Als **Dosenmilch genießt** man sie | **außerdem** im Kaffee. |

Ob **dieses** Getränk tatsächlich **gesund** ist, | ist umstritten. | Milch **weist** einen hohen Fettgehalt auf, | der ihr die **weiße** Farbe verleiht. |

Auch wenn eine Kuh noch so **große** Mengen | an **Gras verspeisen** würde, | eine grüne Farbe **besäße** die Milch trotzdem nicht. | **Schließlich** wird sie nicht im Magen hergestellt, | sondern in den **Milchdrüsen**. |

Woher ich das **weiß**? | Als ich neulich im **Käseladen gewesen** bin, | waren **diese Hinweise** auf einem **Aushang** zu **lesen**.

108 Wörter

Diktat 74 Liebeskummer

LEVEL 3

Mit **riesigen** Augen beobachtete Jan eine Mitschülerin, | die auf dem **Rasen saß** und **las**. | Die Schultasche lag auf ihrem **Schoß**. | Sie **hieß Lisa** | und Jan fand sie **äußerst süß**. |

Es war nicht **heiß**, | doch Jan tropfte der **Schweiß** von der Stirn. | Sein Herz **raste**. | Ein Freund erlaubte sich einen **bösen** Scherz: | Er **grüßte** Lisa zum **Spaß** | mit übertriebenen **Gesten**. | **Schließlich** versetzte Jan ihm einen **Stoß** | und **wies** ihn zurecht: | „Sei **bloß** nicht so **fies**, | sonst wirst du es **büßen**!" |

Doch Jan konnte sich nicht **entschließen**, | sie anzusprechen. | Das war nicht sehr **weise**, | denn schon kam ein Junge | auf einem Mofa **angesaust** | und **ließ** das Mädchen aufsitzen. | Dann gab er **Gas** und sie **brausten** davon. | Jans Gesicht wurde **weiß**. | Er fühlte sich **mies** | und hatte einen **Kloß** im Hals. | „Na **großartig**!", | flüsterte er **verdrießlich**.

133 Wörter

Schreibung mit ss nach kurzem Vokal

Ein **stimmloser** (scharfer) s-Laut wird nach einem **kurzen Vokal** in der Regel mit **ss** geschrieben.
→ *nass, essen, Wissen, Schloss, müssen*

Diktat 75 Das Flusspferd

LEVEL 1

Der **massige** Körper von **Flusspferden** | erinnert ein **bisschen** an ein **Fass**. | Es sind **Pflanzenfresser**, | doch was viele nicht **wissen:** | Diese **Genossen** können sehr **bissig** werden. |

Wer in das **aufgerissene** Maul | eines Flusspferdes blickt, | ist in einer **misslichen** Lage | und sollte **besser** fliehen, | bevor es ihn zu **fassen** bekommt. |

Die Tiere sind gut an das Leben | in **Gewässern angepasst:** | Damit kein **Wasser** in Nase und Ohren dringt, | können diese einfach **verschlossen** werden. |

Den **Fluss verlassen** sie nur nachts, | um zu **fressen**. | An Land **müssen** sie ihre Haut **nass** halten, | sonst wird sie **rissig**. | Dazu sondern sie eine braune **Flüssigkeit** ab.

99 Wörter

Diktat 76 Das Opossum*

LEVEL 2

Das **Opossum** gehört zur Familie der Beutelratten. | Es **misst** etwa vierzig Zentimeter | und hat damit ähnliche Maße wie eine Katze. | Die Jungen **verlassen** den Beutel der Mutter | nach einigen Monaten. |

Die Tiere sind **Allesfresser** | mit scharfem **Gebiss**. | Am Tag **lassen** sie sich nicht blicken. | Sie jagen nur nachts nach **Essbarem**. | Neben Früchten und Körnern | **fressen** sie auch Insekten mit **Genuss**. |

Opossums **passen** sich gut an. | Daher ist die **Rasse** auch nicht | vom Aussterben bedroht, | es gibt sie **massenhaft**. |

Bei Gefahr **lässt** sich das Opossum | zu Boden fallen und stellt sich leblos. | Dann **muss** man genau hinsehen, | denn das Tier nutzt diesen Trick, | damit sein Angreifer von ihm **ablässt**. | Mit **Gewissheit passiert** ihm so nichts. |

Einige behaupten, die Tiere seien **hässlich**, | andere Leute dagegen finden sie recht **possierlich**. | Ich habe diese kleinen Nager | jedenfalls richtig ins Herz **geschlossen**.

137 Wörter

* *Die Schreibung sollte vorgegeben werden.*

Übrigens ...

benutzen die Amerikaner das Wort „Opossum“ für eine Redewendung.

Das Verhalten des Opossums, sich bei Gefahr einfach tot zu stellen, ist derart auffällig, dass sich im amerikanischen Englisch der Ausdruck „to play possum“ (‚es wie das Opossum machen‘) durchgesetzt hat. Wenn man sich schlafend stellt oder so tut, als wäre man krank, um einer unangenehmen Situation aus dem Weg zu gehen, dann sagt man also: „I play possum“.

Sonderfälle bei der Schreibung des stimmlosen s-Lautes

- Es gibt nur wenige (kurze) Wörter, bei denen man den **stimmlosen** s-Laut nach einem **kurzen Vokal** mit **einfachem s** schreibt.
  → *das, was, es, bis, Bus*
- **Nach** einem **Konsonanten** schreibt man den **stimmlosen** s-Laut mit **einfachem s**.
  → *Ferse, wechseln*
- Auch **vor** den Konsonanten **p** und **t** schreibt man in der Regel ein **einfaches s**.
  → *Wespe, Knospe, Post, Wüste, Priester*
  aber: er heißt, sie musste (ß bzw. ss gehören zum Wortstamm)
- Innerhalb mancher Wortfamilien ändern sich der Stammvokal und auch die **Länge des Stammvokals**. Dadurch verändert sich auch die Schreibweise des stimmlosen s-Lautes von **ss** zu **ß** und umgekehrt.
  → *wissen – er weiß*
  fließen – der Fluss

Diktat 77 Pflaster sind hilfreich

LEVEL 1

Es gibt sie mit **süßen Eisbären,** | mit **rosa Prinzessinnen** | oder ganz **klassisch** in braun: **Pflaster**. | Wenn man sich eine **Blase** an der **Ferse** holt, | weil die Schuhe nicht **passen,** | oder **barfuß** in eine **fiese Glasscherbe tapst,** | haben sie ihren **großen** Auftritt. |

Pflaster helfen bei vielen **Missgeschicken,** | **deshalb** sind sie immer im **Verbandskasten**. | Ihre **fusselfreie, weiße** Wundauflage | **lässt** Luft durch. | Schmutz dagegen **muss draußen** bleiben, | **bis** der **Fuß** wieder **gesund ist**. | Dann wird **das** Pflaster **überflüssig**. | Mutige **beißen** die Zähne zusammen | und **reißen** es ab. | **Besser** ist, es **langsam** zu **lösen**. |

90 Wörter

Diktat 78 Floßfahrt

LEVEL 2

Ein **Floß** besteht **aus** Stämmen, | manchmal auch aus **Fässern**. | Man **presst** sie aneinander | und verschnürt sie, | **bis** sie **fest** zusammenhalten. | **Meist** treibt **das** Floß | auf **langsam fließenden Gewässern** | wie der **Mosel** oder der **Weser**. |

Viele Menschen nehmen sich **bewusst** eine **Auszeit**, | um bei einer gemütlichen Fahrt auf dem **Fluss** | den **Stress des Alltags** hinter sich zu **lassen**. | **Außerdem** macht das **riesigen Spaß**! |

Allerdings sollte man nicht **vergessen**, | **großzügig** Sonnenmilch zu verwenden. | **Besonders blasse** Menschen mit **Sommersprossen** | **müssen Schutzmaßnahmen** ergreifen. | Auch eine **angemessene Flüssigkeitszufuhr ist** wichtig. | Vor **Durst** kann man sogar das **Bewusstsein** verlieren, | wenn **es heiß** ist. | **Das** wäre ein **Verdruss**. | **Schließlich** sollen **Erlebnisse** wie eine **Floßfahrt** | **Anlass** zur Freude geben.

111 Wörter

Diktat 79 Busfahrt

LEVEL 3

In London mit dem **Bus** zu fahren | **ist** ein **großartiges Erlebnis**! | Man kann von der **Straße aus** aufspringen. | **Das vermisse** ich zu **Hause***. |

Neulich fing **es** auf einmal | **prasselnd** zu regnen an, | **als** ich gerade einen **Schnappschuss** vom **Schloss** machte. | Sofort **raste** ich zum **nächsten** Bus, | um nicht **nass** zu werden. | Doch der **Busfahrer** gab **Gas**. | Ich wurde **blass** | und stampfte **entrüstet** mit dem **Fuß** auf. | Wer schon einmal* einen Bus **verpasst** hat, | **weiß**, wie ich mich fühlte. |

Hastig sauste ich hinterher. | Leider waren meine **Muskeln** ein **bisschen eingerostet**. | Es sah **düster** für mich aus. | Ich **wusste** nicht **wieso**, | aber plötzlich **drosselte** der Bus das Tempo | und ich bekam das Geländer zu **fassen**. |

Durchnässt ließ ich mich auf einen **Sessel plumpsen**. | Da **grüßte** mich ein **süßer** Junge | mit **wissendem** Blick. | Er hatte den Fahrer **geheißen**, | für mich zu **bremsen**. | Ich hätte ihn **küssen** können!

* *Auch möglich: zuhause; ein Mal (je nach Betonung).*

145 Wörter

Das oder dass?

- Wenn es sich um einen **Artikel** oder ein **Pronomen** (Relativ- bzw. Demonstrativpronomen) handelt, schreibst du **das**. Dann kannst du es auch durch die Wörter **dies(es)** oder **welches** ersetzen.
  → ***Das*** *Haus,* ***das*** *uns gehört, wird neu gestrichen.* ***Das*** *freut mich.*
  Dieses Haus, welches uns gehört, wird neu gestrichen. Dies freut mich.
- Bei der **Konjunktion dass** funktioniert diese Ersatzprobe nicht.
  → *Ich finde,* ***dass*** *(~~dieses/welches~~) unser Haus jetzt viel schöner ist.*

Diktat 80 Lerche oder Eule?

LEVEL 1

Eine Lerche erkennt man daran, | **dass** sie gern früh aufsteht | und **dass** sie bald ins Bett geht. | Einer Eule schmeckt **das** Frühstück um sieben Uhr | dagegen noch gar nicht. | **Das** liegt daran, | **dass** sie recht spät zu Bett geht. |

Jeder weiß, | **dass** kleine Kinder meist zeitig aufstehen. | **Dass** Jugendliche lieber länger aufbleiben | und deswegen auch später aufstehen, | ist aber auch kein Geheimnis. | Deshalb wird gefordert, | **dass** die Schule erst um neun Uhr anfangen soll. | Vielleicht wäre **das** ja ein Mittel, | **das** gegen **das** müde Verhalten der Schüler hilft. | Wie schätzt du **das** ein?

93 Wörter

Diktat 81 Blindenhunde

LEVEL 2

Ein Blindenhund zu werden, | **das** ist nichts für jeden Vierbeiner. | Der Ausbilder achtet darauf, | **dass** ein künftiger Blindenhund lernbereit und geduldig ist. | Das Verhalten, **das** erwünscht ist, wird belohnt. |

Am Beginn der Ausbildung | steht **das** Laufen im Geschirr. | **Das** ist für den Hund zunächst verwirrend. | Bisher hat er immer gehört, | **dass** er nicht an der Leine ziehen darf. | Doch genau **das** soll er nun tun. | Auch **das** richtige Verhalten | an Bordsteinkanten wird geübt. | Blindenhunde müssen dabei so folgsam sein, | **dass** sie sich selbst durch eine Wurst | nicht ablenken lassen. | **Dass das** viel Übung verlangt, | versteht sich von selbst. |

Das Wichtigste aber ist, | **dass** sich Hund und Herrchen gut verstehen.

109 Wörter

Diktat 82 Goethes Kindheit

LEVEL 3

Johann Wolfgang Goethe wurde | 1749 in Frankfurt geboren. | **Dass das** um Punkt zwölf Uhr geschah, | **das** war sicher nur Zufall. | Es ist traurig, | **dass** von seinen fünf Geschwistern | nur seine Schwester Cornelia überlebte. |

Damals war es üblich, | **dass** Kinder reicher Eltern | von Privatlehrern erzogen wurden. | Goethes Vater achtete darauf, | **dass** seine Kinder durch ihre Lehrer | verschiedenen Einflüssen ausgesetzt waren. |

Es ist für uns erstaunlich, | **dass das** Tanzen und Fechten auch zur Ausbildung gehörten. | Sein Vater hatte viele Bücher, | **sodass*** sich Goethe selbst bilden konnte. | Vielleicht war genau **das das** Geheimnis | seines späteren Erfolgs. |

Es wird erzählt, **dass** Goethe ein Kind war, | **das** beim Spielen immer bestimmen wollte. | Gegenüber anderen Kindern war er besserwisserisch, | **sodass*** sie **das** Spielen mit ihm mieden. | **Das** ist nicht verwunderlich!

124 Wörter

** *Auch möglich: so dass. Im Text ist die Duden-Empfehlung angegeben.*

Übrigens ...

war Goethe weit mehr als ein Dichter.

Er beschäftigte sich auch mit der Naturforschung. So veröffentlichte er bedeutende Schriften zu Pflanzen,außerdem interessierte er sich sehr für die Lehre von den Farben.
Goethe wurde für die damalige Zeit ungewöhnlich alt – er starb erst mit 82 Jahren. Seine letzten Worte auf dem Sterbebett sollen übrigens gewesen sein: „Mehr Licht!"

Alle s-Laute

Diktat 83 Maikäfer

LEVEL 1

Maikäfer **sind gefräßige** Tierchen. | Ihre Larven, die Engerlinge, | **fressen** Wurzeln. | Schon drei **Stück** können einem **Obstbaum** | den **Todesstoß versetzen**. |

Ausgewachsene Maikäfer **verspeisen** Blätter. | Wenn ihr **Heißhunger groß ist**, | kann **es passieren**, | **dass** ganze Bäume **restlos** kahl werden. | **Deshalb müssen** die Obstbauern **aufpassen**, | **dass sich** die Käfer **bloß** nicht **massenhaft** vermehren. |

Früher wurden **diese Insekten geröstet** | und **als Suppe serviert** | oder als **süße Nachspeise gegessen**. | **Kannst** du dir **das vorstellen**? | Heute **stehen** Maikäfer unter Naturschutz. | **Lass sie also** am Leben!

79 Wörter

Diktat 84 Mit dem Segelboot über den Atlantik

LEVEL 2

Der Arzt **Hannes** Lindemann war **so wissbegierig**, | **dass** er 1956 einen abenteuerlichen **Selbstversuch startete:** | Mit einem kleinen Faltboot | **segelte** er quer über den Atlantik. | Er wollte **schließlich wissen**, | wie Schiffbrüchige überleben. |

Soweit es die **Größe des Bootes zuließ**, | hatte er **Essen** dabei: | **Konserven, Bierdosen**, | ein **bisschen Wasser** und eine Angel, | **sodass*** er Fische fangen konnte. | Er **musste sie allerdings** roh **verspeisen**. | **Das** war **bestimmt** kein **Genuss**. |

An **Flüssigkeit** kam er, | indem er **Regenwasser sammelte**. | Bald hatte er 25 Kilogramm **Körpermasse eingebüßt**. | Doch **das** waren nicht die einzigen **Hindernisse:** | Oft **blies** der Wind so **stürmisch**, | **dass sein** Boot **umgestoßen** wurde. |

Die **außergewöhnlichen Belastungen dieser Reise** | konnte er nur durch einen **eisernen** Willen **meistern**.

111 Wörter

* *Auch möglich: so dass. Im Text ist die Duden-Empfehlung angegeben.*

Diktat 85 Pilze – essbar oder ungenießbar?

LEVEL 3

Neulich brachte mein Vater | **massenhaft** Waldpilze mit nach **Hause***. | **Anschließend** gab **es Gemüsespieße** mit **Pilzsoße*** | und **als Nachspeise Apfelmus**. | **Das** war **große Klasse**! |

Später las ich in einem **Wissensheft**, | **dass** man vom ganzen Pilz | nur einen kleinen Teil **isst**. | Wir **essen** nur **das Stück**, | **das außerhalb** der Erde **ist**. | **Das allermeiste*** **wächst** aber | als **riesiges** Geflecht unter der Erde. |

Darüber **hinaus** kann man nicht alle Pilze | guten **Gewissens** verzehren. | Einige **sind ungenießbar** | und bei manchen **muss** man richtig **aufpassen**, | weil **sie äußerst** giftig sind. | Der Knollenblätterpilz etwa | **sieht harmlos aus**. | Doch ist er **dermaßen** gefährlich, | **dass** man **sogar sterben** kann, | wenn man nur ein Mal** davon **abbeißt**. |

Zum Glück **weiß** mein Vater | als **Förster fast alles** über Pilze. | Ich werde **besser** ihm **das Sammeln überlassen**.

124 Wörter

** Hier sind auch andere Schreibweisen möglich: nachhause; Pilzsauce; das Allermeiste.*
Im Text ist jeweils die Duden-Empfehlung angegeben.
*** Je nach Betonung auch möglich: einmal.*

Übrigens …

verwendet man Pilze auch in der Medizin.

Zu den wichtigsten in der Medizin verwendeten Pilzen gehört der Schimmelpilz. Er scheidet Stoffe aus, die das Wachstum von Bakterien hemmen oder diese sogar abtöten. Daraus lassen sich Medikamente, die sogenannten Antibiotika, herstellen. Die Entdeckung und Anwendung dieser Arzneimittel gehören zu den bedeutendsten Entwicklungen der Medizingeschichte.

Gleich und ähnlich klingende Konsonanten

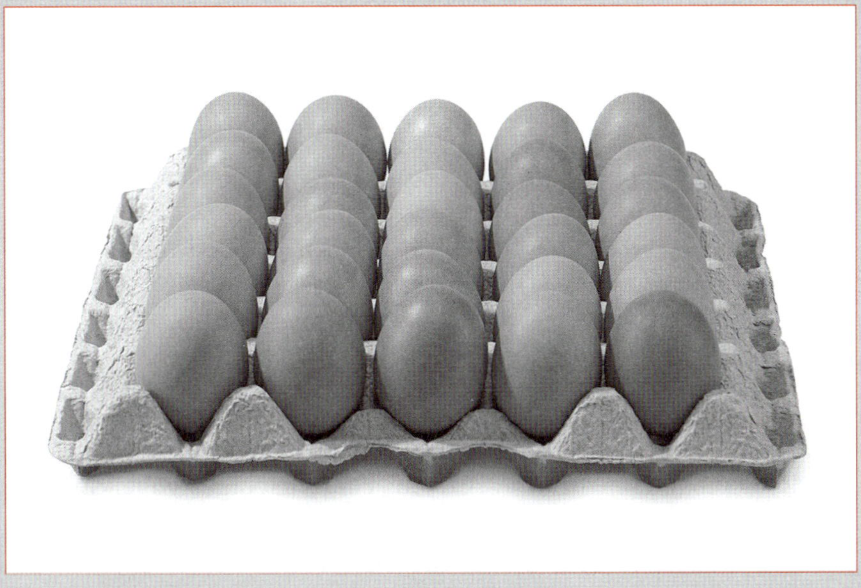

Nicht immer kannst du zweifelsfrei hören, wie man ein Wort schreibt. Manche Laute **ähneln** sich nämlich wie ein Ei dem anderen oder klingen vollkommen **gleich**. Mithilfe der Diktate in diesem Kapitel kannst du üben, ...

- den **f-Laut** (*Fenster – Vogel – Physik*), den **x-Laut** (*Hexe – Fuchs – links Schicksal – mittags*) und den **w-Laut** (*Weg – Verb*) richtig zu schreiben,
- zwischen **weichen** (b, d, g) und **harten** (p, t, k) **Konsonanten** zu unterscheiden: *grob – plump, Feld – Welt, Berg – Werk,*
- gleich klingende **Silben** (*Endspiel – Entwurf, eklig – wirklich*) oder **Wörter** (*seid – seit*) aufgrund ihrer Bedeutung auseinanderzuhalten.

Wenn du nachdenkst und die geeignete **Strategie** anwendest, kannst du meist sehr schnell die richtige Schreibweise herausfinden.

Der f-Laut

- Der f-Laut kann mit **f**, **v** oder auch mit **ph** geschrieben werden.
  Am häufigsten ist die Schreibung mit **f**.
  → *feilen, Fenster, Unfall, helfen, Senf, Topf, er fiel*
- Bei einigen **Fremdwörtern** wird der f-Laut mit **ph** geschrieben;
  die Schreibung mit **f** ist **teilweise** auch **erlaubt**.
  → ***Ph**ysik, Stro**ph**e, **Ph**iloso**ph**ie, **Ph**armazie;*
  *Geogra**ph**ie – Geogra**f**ie, **Ph**otogra**ph** – **F**otogra**f***
- Bei den **Vorsilben ver-** und **vor-** und wenigen anderen Wörtern wird der
  f-Laut mit **v** geschrieben.
  → ***ver**raten, **Ver**kehr, **ver**lobt – aber: **fer**tig, **Fer**ne (keine Vorsilben)*
  ***vor**lesen, **Vor**teil, **Vor**mittag – aber: **for**dern, **For**schung (keine Vorsilben)*
  V**ater, **V**ogel, **V**olk, **v**iel, **v**ier, **v**oll, Kur**v**e, ner**v**en, akti**v

Diktat 86 Hilflose Vogelkinder

LEVEL 2

Was ist zu tun, | wenn du im **Vorgarten** | ein **flauschiges Vogelkind findest**? | **Vielleicht vermutest** du erst einmal, | dass es aus dem Nest **gefallen** | und jetzt großer **Gefahr ausgeliefert** ist. | In den meisten **Fällen** | ist das aber reine **Fantasie***. |

Viele Küken **schlüpfen** | bereits **voll** entwickelt aus dem Ei | und **verlassen sofort** das Nest. | Nur wenn das **Federvieh** | wirklich **hilflos** oder **verletzt** ist, | **darfst** du **aktiv** werden | und es zum Tierarzt **fahren**. |

Fühle dich aber nicht **verpflichtet**. | In der **freien** Natur werden die **gefiederten** Tierchen | **oft Opfer von Falken**. | **Fressen** und **gefressen** werden! | Mit diesem Naturprinzip **beschäftigte** sich | schon der **Philosoph** Schopenhauer.

100 Wörter

** Auch möglich: Phantasie.*
Im Text ist die Duden-Empfehlung angegeben.

Der x-Laut

- Der x-Laut wird meist mit **x** oder **chs** geschrieben.
  → *Axt, Text, hexen; Ochse, sechs, wachsen*
- Manchmal entsteht der x-Laut dadurch, dass die **Endung -s** an einen **Wortstamm** auf **-ck**, **-k** oder **-g** angefügt wurde.
  → *hacken → häckseln; linke (Seite) → links; Mittag → mittags*

Diktat 87 Max büxt aus

LEVEL 3

Nachmittags bin ich immer | mit meinem **Foxterrier Max unterwegs.** | Gestern ist er **allerdings ausgebüxt**, | als er einen **ausgewachsenen Dachs** verfolgte. | Er hatte ihn mit einem Spielkameraden **verwechselt.** |

Flugs rannte ich ihm nach. | **Zunächst** bellte er **extrem** laut, | doch dann war kein **Mucks** mehr zu hören. | In meiner **Angst** konnte ich ihn nicht finden, | es war wie **verhext**! | Das **Schicksal** meinte es **anfangs** | **keineswegs** gut mit mir. |

Plötzlich hörte ich **links** im Gebüsch etwas **knacksen.** | Dort entdeckte ich den **Ausbüxer** vor einem **Fuchsbau.** |

Fix holte ich **sechs Hundekekse** aus einer **Box** | und lockte ihn damit aus dem **Gewächs.** | Dann gingen wir **geradewegs** zurück zur Straße | und fuhren mit dem **nächsten Taxi** nach Hause*. | **Langsam** werde ich noch zum **Experten** für **Hundetricks**!

120 Wörter

** Auch möglich: nachhause. Im Text ist die Duden-Empfehlung angegeben.*

Wörter mit w, v und qu

- Der w-Laut wird in der Regel mit **w** geschrieben.
  → *Wasser, wohnen, wütend, zwei, beschweren*
- Manchmal schreibt man den w-Laut auch mit **v**. Meist handelt es sich dabei um **Fremdwörter**.
  → *Vase, vegetarisch, Villa, Vulkan, Klavier, November*
- Statt **kw** schreibt man **qu**. Diese Wörter sind allerdings recht selten.
  → *Quark, Quelle, queren, Quittung, quadratisch, bequem*

Diktat 88 Eine Frage des Geschmacks

LEVEL 3

Wenn wir es uns am Mittagstisch **bequem** machen, | gibt es häufig **Querelen**. | Meine **Schwester Verena** ist **Vegetarierin**. | Sie begründet das nur **vage:** | Sie **wolle** mehr Gemüse essen **wegen** der **Vitamine**. |

Da meine Mutter aber nicht **zweimal*** kochen **will**, | gab es **deswegen** neulich | für alle Kartoffeln mit **Quark**. | Darüber habe ich mich **wiederum beschwert**. | Ich hätte **wirklich** lieber **Wurst** gegessen. |

Meine Mutter **wurde wütend**, | sie brodelte **wie** ein **Vulkan**. | Dabei stieß sie die **Vase** herunter, | die auf dem **Klavier** stand. | Das **Wasser** floss einmal **quer** durchs **Wohnzimmer**. | Das sei die **Quittung** | für unser **quälendes Quengeln**, sagte sie. |

Weil das Essen aber | **wider Erwarten wunderbar** schmeckte, | hatte der ganze **Quatsch** bald ein Ende. | Zum Nachtisch gab es **Vanilleeis**.

* *Je nach Betonung auch möglich: zwei Mal.* *116 Wörter*

Übrigens ...

wird der Geschmack nicht in die Wiege gelegt.

Vielmehr ist die Geschmackswahrnehmung eine Sache der Übung. Tests haben gezeigt, dass für Kinder aber andere Maßstäbe gelten als für Erwachsene. Die Empfindung „süß“ stellt sich bei Kindern erst bei relativ hohen Zuckerkonzentrationen ein. In der Hitliste der „Igitt“-Lebensmittel verabscheuen vier- bis fünfjährige Kinder übrigens Avocado und Lauch am meisten.

Die Silben -ig und -lich

- Die **Nachsilben -ig** und **-lich** sind schwer zu unterscheiden. In der Standardsprache wird „**ig**" nämlich wie „**ich**" gesprochen.
  → *einmal**ig**, heil**ig**, ekl**ig**, schwindl**ig**, völl**ig**;*
  *freund**lich**, gründ**lich**, verständ**lich**, wirk**lich***
- Durch die **Verlängerungsprobe** kannst du aber leicht herausfinden, wie die Nachsilbe geschrieben werden muss.
  → ***einmalig** → eine einmal**ig**e Sache;*
  *freund**lich** → der freund**lich**e Kellner*

Diktat 89 König sein ist lästig

LEVEL 1

König zu sein ist **sicherlich** oft **beschwerlich:** | Er ist **eigentlich ständig** im Dienst. | Nur **gelegentlich** darf er **völlig** Privatperson sein. |

Selbst beim Essen sind **häufig** Gäste dabei. | Da wäre es **wirklich unhöflich,** | wenn der König **gemütlich** vor dem Fernseher | ein Stück Pizza essen würde. | Die königlichen Speisen müssen schon | besonders **köstlich** und **einmalig** sein. |

Die Pflichten eines Königs sind **freilich lästig.** |
Zu allen Menschen hat er **freundlich** | und **großzügig** zu sein, | denn ein König, | der **ärgerlich** oder **geizig** ist, | kommt beim Volk **wahrlich** nicht gut an.

86 Wörter

b oder p?

- Die Laute **b** und **p** sind am **Wort-** oder **Silbenanfang** gut zu unterscheiden.
  → *backen – packen, Blatt – platt, Brise – Prise, Gebäck – Gepäck*
- Am **Ende** eines **Wortes** oder einer **Silbe** werden **b** und **p** aber gleich ausgesprochen, nämlich als **p**. Man nennt dies **Auslautverhärtung**. Welche Schreibung die richtige ist, findest du oft mit der **Verlängerungsprobe** heraus.
  → *Lob → loben, er stirbt → sterben, grob → gröber;*
  Typ → typisch, er hupt → hupen, plump → plumper

Diktat 90 Der Dieb

LEVEL 1

Als Familie **Korb** im **Urlaub** war, | brach ein **Typ** in ihr Haus ein. | Der **Dieb** verhielt sich **plump** und **ungeübt**. | Mit einem **Stab** schlug er die Scheibe ein | und löste **prompt** Alarm aus. |

Er **glaubte**, er hätte noch Zeit. | **Deshalb** setzte er seinen **Raub ungetrübt** fort. | Sein Partner, der im Auto **blieb**, | **gab** ihm ein Zeichen. | Er **hupte**, | doch der Dieb war scheinbar **taub**. |

Bevor er etwas plündern konnte, | traf schon die Polizei ein. | Er **tobte** und beleidigte die Beamten **derb**. | Doch diese packten ihn **grob** an | und nahmen ihn fest. | Sein Partner konnte sich aus dem **Staub** machen.

99 Wörter

g oder k?

- Wie b und p klingen auch die Laute **g** und **k** ähnlich. Am **Wort-** oder **Silbenanfang** kannst du sie aber gut auseinanderhalten.
  → *Gabel – Kabel, Greis – Kreis, Guss – Kuss, singen – sinken*
- Am **Wort-** oder **Silbenende** werden **g** und **k** gleich ausgesprochen, nämlich als **k** (**Auslautverhärtung**). Wenn du dir bei der Schreibung unsicher bist, kannst du die **Verlängerungsprobe** durchführen.
  → *Flug → Flüge, er mag → mögen, klug → klüger;*
  Fabrik → Fabriken, er trank → trinken, stark → stärker

Diktat 91 Ausflug in die Berge

LEVEL 2

Einen schönen **Sonntag** | **verbringt** unsere Familie oft auf dem **Berg**. | Nur letzte Woche fiel unser **Ausflug** aus, | weil meine Schwester **krank** im Bett **lag**. | Sie musste **gepflegt** werden. |

Heute geht es wieder **vergnügt** ins Gebirge. | Ich hole die neuen **Bergstiefel** aus dem **Schrank**, | die mir Vater **geschenkt** hat. | Sie sind aus **wirklichem** Leder **gefertigt** | und gehen über die Knöchel. |

Das ist **klug**, | denn das **stärkt** den Halt. | Neulich habe ich mir beim **Abstieg** | das **Gelenk** verstaucht. | Ich **hinkte** bis zum **Parkplatz**, | auf dem unser **Fahrzeug** stand. |

Der **Weg** zum Gipfel ist schön. | Unser Dackel **springt** und **jagt** durch die Gegend. | Ein kleiner **Fink singt** uns ein Lied. |

Ein kaltes **Getränk** auf der Alm | **entschädigt** für den **arg** steilen **Aufstieg**. | Ich **mag** Limonade, | Vater **trinkt** Milch aus einem **Krug**.

128 Wörter

d, t oder dt?

- Die Laute **d** und **t** klingen ebenfalls ähnlich. Am **Wort-** oder **Silbenanfang** kannst du sie aber gut auseinanderhalten.
  → *Dorf – Torf, danken – tanken, Kader – Kater, leider – Leiter*
- Am **Wort-** oder **Silbenende** kann man zwischen **d** und **t** keinen Unterschied hören; beides wird **hart** (als **t**) gesprochen. Führe im Zweifel die **Verlängerungsprobe** durch.
  → *Abend → Abende, er fand → finden, dringend → dringender;*
  Brot → Brote, Rat → raten, turbulent → turbulenter
- Wörter mit **dt** kommen sehr selten vor.
  → *Stadt, Verwandte, versandt, gewandt*

Diktat 92 Stadt oder Land

LEVEL 3

Ich wünsche mir so **dringend** einen **Hund**. | Doch in der **Stadt** ist das nicht möglich. | Aus diesem **Grund** fahre ich mit meinen Eltern | sehr **oft** zu unseren **Verwandten** aufs **Land**. | Meine Tante hat **dort** ein schönes **Gut** | und **lädt** uns gerne ein. |

Ich fühle mich an diesem **Ort** | wie in einer anderen **Welt**. | Der **Unterschied** zur **Großstadt** ist **bedeutend**. | Die **Landluft** ist **gesund** und **gut**. |

Vor Freude schlage ich auf der Wiese | ein **Rad** nach dem anderen. | Ich reite auch gern | mit dem **Pferd** über das **Feld**. | Oder ich bin im **Wald** | und füttere das **Wild** mit altem **Brot**. |

Am liebsten sitze ich jedoch | **abgewandt** von aller Zivilisation | am **Rand** des kleinen Teichs | und male ein **Bild**. | Am **Abend** bei **Mondschein** | ist das **Licht** besonders toll. | Mit etwas **Mut** kann man im Teich | auch ein **Bad** nehmen. | Aber das Wasser ist ganz schön **kalt**.

144 Wörter

Besondere Fälle der Auslautverhärtung

Einige Wörter oder Silben, die auf **d** bzw. **t** enden, klingen durch die **Auslautverhärtung** gleich. Ihre **Bedeutung** entscheidet über die Schreibweise.

- In der Schreibung unterscheidet sich die **Verbform** (ihr) **seid** von der **Präposition** bzw. der **Konjunktion seit**.
  → *Ihr **seid seit** gestern Tabellenführer!*
  ***Seit** ich euch kenne, **seid** ihr meine Freunde.*
- Auch die beiden **Vorsilben end-** und **ent-** klingen gleich. Achte hier auf die Bedeutung. Die Silbe **end-** bezieht sich immer auf das Wortfeld **Ende**.
  → ***End**silbe, **end**lich, **End**spiel, **end**los, **end**gültig, **End**station;*
  ***ent**hüllen, **ent**führen, **Ent**schuldigung, **ent**gegen, **ent**lang, **Ent**spannung*
- Unterscheide zwischen dem **Nomen Tod** und dem **Adjektiv tot**.
  Bei **Zusammensetzungen** musst du darauf achten, welches der beiden Wörter das Bestimmungswort ist. Als Faustregel kann gelten: Zusammensetzungen mit Adjektiven werden meist mit **tod-**, Verbindungen mit Verben meist mit **tot-** geschrieben.
  → ***tod**geweiht (zum **Tode** geweiht), **tod**krank, **tod**unglücklich;*
  ***tot**schweigen (so lange zu einem Thema schweigen, bis es **tot** ist), **tot**sagen*

Diktat 93 Endspurt

LEVEL 1

„Ihr **seid** gemein!“, | rief Robert. | **Seit** er nur noch schlechte Noten **schreibt**, | wird er von seinen Eltern **gedrängt**, | dass er **endlich** mehr Englisch **übt**. |

Doch Robert **befolgt** den **Rat** nicht. | Er **liegt** lieber **entspannt** im Bett | und stellt sich **tot**. | **Oft lenkt** er sich auch **ab** | und fährt mit dem **Rad** durch die **Gegend**. |

Prompt bringt er wieder eine Fünf nach Hause*. | Seine Eltern **sind enttäuscht** und **todtraurig**. | Robert **denkt** nach und **entschuldigt** sich. |

Er fasst einen **Entschluss:** | Er **legt** einen **Endspurt** hin | und lernt nun jeden **Abend angestrengt**. | Das **Endergebnis zeigt** den **Erfolg**.

94 Wörter

* *Auch möglich: nachhause. Im Text ist die Duden-Empfehlung angegeben.*

Diktat 94 Berufswunsch

LEVEL 2

Seid ihr schon sicher, | was ihr einmal werden wollt? | Es **gibt unendlich** viele Berufe, | für die ihr euch **entscheiden** könnt. |

Ein Bäcker **versorgt** die Menschen mit **Brot**. | Der **Landwirt pflügt** sein **Feld**. | Der **Pilot fliegt** ein **Flugzeug** | dem **Horizont entgegen**. | Ein **Arzt** macht jemanden wieder **gesund**, | wenn er **krank** ist. | Der Altenpfleger **umsorgt** alte Menschen bis zum **Tod**. | Ein Verkäufer kümmert sich um den **Endkunden**. | Der **Anwalt verteidigt Angeklagte** vor **Gericht**. | Ein **Architekt entwirft** Pläne | und der Reporter **enthüllt** Skandale. |

Selbst **totgesagte** Berufe wie der **Schmied** | **sind seit** einiger **Zeit** wieder sehr **beliebt**. | Egal **ob Handwerk** oder Dienstleistung – | **entscheidend** ist, | dass das **Berufsbild** euren Neigungen **entspricht**. | Sonst werdet ihr **todunglücklich**.

110 Wörter

Diktat 95 Entsetzlicher Fund

LEVEL 3

Gestern wurde in einer **Kleinstadt** | ein Mann **tot** aufgefunden. | Dieser galt schon **seit** Tagen als vermisst. | Ein **Rentner**, der mit seinem **Hund** | am **Waldrand entlang** spazieren ging, | hatte die **leblose** Person | einige Meter vom **Weg entfernt entdeckt** | und die Polizei **verständigt**. |

Alles deutet auf **Mord** hin. | Der **Fundort entspricht** jedoch nicht dem **Tatort**. | Die Ermittlung **ergab**, | dass er mit einem spitzen **Gegenstand** | einen **tödlichen Hieb** auf den Hinterkopf bekommen hatte. |

Als **Hauptverdächtiger gilt** der Bruder. | Der **Grund** dürfte **Habgier** | **innerhalb** der **Verwandtschaft** gewesen sein. | Nach dem **Tod** der Mutter | hatte sich zwischen den Brüdern **anscheinend** | ein **endloser Streit** um die **Erbschaft entwickelt**. | **Seitdem** waren sich die beiden **todfeind**. |

Nach einem langen Verhör | **gestand** der Bruder dann auch **endlich**, | dass er das Opfer aus **Wut** | und **Enttäuschung totgeschlagen** habe.

128 Wörter

Gleich und ähnlich klingende Vokale

Nicht nur bei den Konsonanten gibt es gleich und ähnlich klingende Laute, auch bei den Vokalen stößt man auf sogenannte „**Zwillingslaute**".

- Der **Umlaut ä** hört sich oft genauso an wie der **Vokal e:** *Hände – Ende*
- Auch die **Doppellaute äu** und **eu** klingen gleich: *Räuber – Beute*
- Genauso sind **ai** und **ei** am Klang nicht zu unterscheiden: *Waise – Reise*

Um die Laute richtig zu schreiben, hilft dir in vielen Fällen die Suche nach verwandten Wörtern.

ä/äu oder e/eu?

- Die Buchstaben **ä** und **e** bzw. **äu** und **eu** klingen häufig gleich.
  → *Kr**ä**fte – H**e**fte, l**ä**nger – **e**nger, er h**ä**lt – er st**e**llt;*
  *B**äu**me – B**eu**te, h**äu**slich – sch**eu**ßlich, l**äu**ten – d**eu**ten*
- Wörter mit **ä** bzw. **äu** lassen sich fast alle auf ein **Grundwort** mit **a** bzw. **au** zurückführen. Suche es, um sicher zu sein, wie du das Wort schreiben musst.
  → *W**ä**nde → W**a**nd, K**ä**lte → k**a**lt, l**ä**ssig → l**a**ssen, **ä**lter → **a**lt;*
  *H**äu**ser → H**au**s, bl**äu**lich → bl**au**, aufr**äu**men → R**au**m*
- Manche Wörter schreibt man allerdings mit **ä** oder **äu,** obwohl es keine Grundform mit a bzw. au gibt.
  → *B**ä**r, Gel**ä**nder, K**ä**se, L**ä**rm, M**ä**dchen, M**ä**rz, s**ä**gen, sp**ä**t;*
  *r**äu**spern, S**äu**le, Kn**äu**el, str**äu**ben*

Diktat 96 Die Eule

LEVEL 1

Eulen sind **nächtliche Jäger.** | Mit ihren **kräftigen Fängen erbeuten** sie | **hauptsächlich** kleine **Säugetiere** wie **Mäuse.** | Sie **schätzen** aber auch Würmer | und **Käfer** als **Beute.** |

Eulen besiedeln **vielfältige Lebensräume** | auf der ganzen **Welt.** | In **Deutschland** findet man sie **häufig** | auf **Feldern** und in **Wäldern.** | Sie nisten **gern** in **älteren Bäumen.** | Dort richten sie sich **häuslich** ein, | um ihren Nachwuchs zu **zeugen.** | Eine Eule **hält** ihrem Partner | übrigens **lebenslänglich** die **Treue.** |

Für **abergläubische** Menschen **bedeutet** die Eule | einen Grund zur **Freude:** | Sie **verehren** sie als Glücksbringer.

84 Wörter

Diktat 97 Kopfläuse

LEVEL 2

Kopfläuse sind **lästige**, | aber **ungefährliche** Tiere. | Sie nisten sich auf unseren **Häuptern** ein | und **ernähren** sich von unserem Blut. |

Häufig bemerkt man sie **erst**, | wenn es zu **spät** ist. | Dann juckt der Kopf **scheußlich** | und man muss sich **heftig** kratzen. |

Diese **unerfreulichen Gäste bekämpft** man | **zuverlässig** mit einem **gängigen Läusemittel**. | **Zusätzlich** sollte man die **feuchten** Haare | nach der **Wäsche sorgfältig auskämmen**. | Dazu **verwendet** man am **besten Kämme** | mit **engen**, **länglichen** Zinken. | Kinder **sträuben** sich **gern** dagegen. |

Doch wenn man das **täglich** macht, | hat man die **quälenden Teufel** | bald **gänzlich verscheucht**. | Dann hat der **Ärger** ein **Ende**.

96 Wörter

Übrigens ...

hat der Kopflausbefall nichts mit mangelnder Körperpflege zu tun.

Läuse befallen vor allem Kinder, weil die Kleinen gern ihre Köpfe zusammenstecken. Doch Kopfläuse kommen bei Kindern, die ihre Haare regelmäßig waschen, ähnlich häufig vor wie bei Kindern, die sich seltener den Kopf waschen. Auch die Übertragung durch Gegenstände wie Mützen, Kämme und Kopfkissen ist entgegen der weitverbreiteten Meinung eher selten, denn Läuse sind von einer regelmäßigen Blutaufnahme abhängig. Verlassen sie ihren Wirt, können sie in der Regel nicht lange überleben.

Diktat 98 Der Pandabär

LEVEL 3

Der Panda ist ein **Säugetier** | aus der Familie der **Bären**. | Er ist ein **scheuer Einzelgänger**, | der in den **feuchten Wäldern** Chinas lebt. |

Der **Pandabär** ist **während** der **Dämmerung** aktiv | und **schläft** bei Tag | **gern** in hohlen **Baumstämmen**. | Sein **Fell** hat eine **auffällige Färbung**. |

Obwohl der Panda zu den Raubtieren **zählt**, | ist er doch ein **ungefährlicher Pflanzenfresser**. | Der **freundliche Geselle ernährt** sich **hauptsächlich** von Bambus. |

Da diese **schnell** wachsenden **Süßgräser** | einen **recht** geringen **Nährwert** haben, | muss der Panda **ungeheure Mengen** davon verdrücken. | Mit seinen **äußerst kräftigen Zähnen** | **verzehrt** das **gefräßige** Tier von diesem **Gewächs** | **täglich annähernd** dreißig Kilogramm **Blätter** und **Stängel**. |

Der Pandabär gehört schon seit **längerer** Zeit | zu den **seltensten** Tieren. | Er ist stark **gefährdet**, | da er vom Menschen **allmählich** | aus seinen **Lebensräumen verdrängt** wird. | Einige **Verbände setzen** sich **heutzutage** jedoch | für den Erhalt seiner **Bestände** ein.

137 Wörter

ai oder ei?

- Die Doppellaute **ai** und **ei** werden gleich ausgesprochen. **Häufiger** tritt die Schreibung mit **ei** auf.
  → *eins, drei, zeigen, Eifer, bleiben, Leim, schreien, Eis*
- Manche Wörter schreibt man auch mit **eih**. Das h ist hier ein silbentrennendes h, das in Wörtern derselben Wortfamilie erhalten bleibt.
  → *verzei-hen, Rei-he; lei-hen → Leihgebühr, wei-hen → Weihnachten*
- Mit **ai** werden einzelne Wörtern geschrieben, um sie von gleichlautenden Wörtern mit **ei** zu unterscheiden, die eine **andere Bedeutung** haben.
  → *Laib (Brot) – Leib (Körper)*
  Waise (ohne Eltern) – Weise (Art)
  Saite (eines Musikinstruments) – Seite (im Buch)
- Daneben gibt es noch wenige Wörter mit **ai**, die **kein Gegenstück** mit **ei** aufweisen. Viele Wörter mit ai sind **Fremdwörter**.
  → *Kaiser, Hai, Mai, Mais, Laie, Main, Taille, Training, Container*

Diktat 99 Eine heilsame Kur

LEVEL 2

Zahlreiche Menschen lassen sich **eine** Kur **verschreiben,** | um sich auf diese **Weise** | von **Krankheiten** und **Leiden** zu **befreien**. |

Die **Reihe** der **Heilverfahren** | ist für den **Laien meist** nicht zu durchschauen. | **Einige** gönnen sich nur eine **kleine Auszeit**, | andere* **verweilen** länger. | **Einzelne trainieren** mit **Eifer** ihren **Leib**, | um **daheim** eine schlanke **Taille vorzeigen** zu können. |

Langweilig wird es **freilich** nicht, | denn die **Heilbäder** sind **keinesfalls verwaist**. | Das **Freizeitangebot** ist **umfangreich**. | Die Parkanlagen erinnern zum **Teil** an **kaiserliche** Gärten. | Man kann dort unter alten **Weiden** | durch die **Haine** spazieren. |

Abends **erheitern** sich die Gäste **beispielsweise beim** Tanz | oder lauschen dem **Saitenspiel eines Geigers**. | **Schweigsame Geister bleiben** lieber **allein** | und **leihen** sich **ein** Buch aus, | um ein paar **Seiten** zu lesen.

Bei besondere Betonung auch möglich: Andere. *118 Wörter*

Alle ähnlich klingenden Vokale und Doppellaute

Diktat 100 Blauäugig

LEVEL 3

Die **meisten hellhäutigen Säuglinge** | kommen mit blauen Augen zur **Welt**. | Das gilt zum **Beispiel** auch, | wenn **beide Elternteile braunäugig** sind. | Das wissen viele **Laien** nicht. | Sie **meinen** dann **häufig**, | dass die Mutter **untreu** war | oder das **Neugeborene ein Waisenkind** ist. |

Doch diese **Leute täuschen** sich. | Die **bläuliche Färbung** ist **zunächst** nur **vorläufig**. | Nur ein **kleiner Teil behält** | diese **anfängliche** Farbe auch **bei**. | Zum **Zeitpunkt** der Geburt sind die Augen | noch nicht **vollständig** entwickelt. | Die Farbe kann sich in den **ersten** Monaten | noch **deutlich verändern**. |

Ungefähr ein Jahr **später** | **lässt** sich **erst eindeutig** feststellen, | **welche** Augenfarbe ein Kind **geerbt** hat. | Welche Farbe am **Ende bleibt**, | **steuern** dann **nämlich** doch die Gene. |

Die Augenfarbe wird als **unveränderliches Kennzeichen** | in den **Personalausweis eingetragen**. | Sie ist **üblicherweise Bestandteil** | **einer präzisen Personenbeschreibung**.

127 Wörter

Fremdwörter

Die deutsche Sprache hat im Laufe ihrer langen Geschichte viele **Wörter aus anderen Sprachen** übernommen. Untersuchungen zeigen, dass sogar jedes vierte Wort im Deutschen ursprünglich aus einer anderen Sprache kommt, zum Beispiel …

- aus dem Lateinischen: *Signal, Operation, Rubrik, kursiv*
- aus dem Griechischen: *Skelett, Demokratie, Lexikon, grafisch*
- aus dem Englischen: *Laptop, Science-Fiction, Party, cool*
- aus dem Französischen: *Balkon, Hotel, leger, Limousine*

Manche kritisieren die übermäßige Verwendung von Fremdwörtern – dennoch wäre die deutsche Sprache ohne sie um einiges ärmer. Daher lernst du in diesem Kapitel die Schreibung **wichtiger Fremdwörter**.

Lateinische und griechische Fremdwörter

- Aus dem Lateinischen und Griechischen stammen zahlreiche Fremdwörter. In vielen dieser Wörter bleibt die **besondere Schreibung** mancher Laute aus der **Ursprungssprache** erhalten, zum Beispiel …
  → die Buchstabenverbindungen **rh, ph** und **th:**
  ***Rh**ythmus, **Rh**euma; Al**ph**abet, katastro**ph**al; Me**th**ode, **Th**eke*
  → das Buchstabenpaar **ch** (als **k** gesprochen):
  ***Ch**arakter, **ch**ronologisch, **Ch**or, **ch**ristlich, **Ch**oreographie, Or**ch**ester*
  → der Buchstabe **y:**
  *T**y**p, s**y**mpathisch, Lab**y**rinth, Ph**y**sik, S**y**stem*
  → die Nachsilben **-iv** und **-(t)ion:**
  *produkt**iv**, explos**iv**, attrakt**iv**; Kondi**tion**, Addi**tion**, Situa**tion***
- Einige häufig gebrauchte Fremdwörter wurden jedoch in ihrer Schreibweise „**eingedeutscht**". Dann sind oft **zwei Schreibweisen** möglich.
  → ***Ph**antasie – **F**antasie, Pan**th**er – Pan**t**er, Kata**rrh** – Kata**rr**, circa – zi**rk**a, Poten**t**ial – Poten**z**ial, essen**t**iell – essen**z**iell*
- Die Wortbestandteile **phon**, **phot** und **graph** können grundsätzlich auch **mit f** statt ph geschrieben werden.
  → *Mikro**ph**on – Mikro**f**on, **Ph**oto – **F**oto, gra**ph**isch – gra**f**isch*

Diktat 101 Hausaufgaben

LEVEL 1

Christian sitzt an den Hausaufgaben. | **Physik** fällt morgen aus, | aber für **Mathematik** muss er noch | das **Volumen** eines **Zylinders** berechnen. | Endlich findet er in dem | **chaotischen** Hefteintrag die richtige Formel. |

Für Deutsch lernt er einen **lyrischen Text** auswendig. | Obwohl er **intensiv** übt, | kann er sich die letzte **Strophe** | des Gedichts einfach nicht merken. | Auch **alternative Lernmethoden** helfen da nicht. |

In **Geografie*** muss er morgen ein **Referat** halten. | Deshalb hat er sich in der **Bibliothek** | ein **Lexikon** ausgeliehen. | Es ist **alphabetisch** und **systematisch** geordnet | und enthält alle nötigen **Informationen**.

88 Wörter

* *Auch möglich: Geographie. Im Text ist die Duden-Empfehlung angegeben.*

Diktat 102 Tanzen

LEVEL 2

Beim Tanzen bewegt man sich | zum **Rhythmus** der **Musik**. | Das Tanzen hat in der Gesellschaft **diverse Funktionen**. |

Rituelle Tänze weisen auf eine lange **Tradition** zurück. | Es gab sie bereits | in frühen **Phasen** menschlicher **Kulturen**. |

In der Kunst dient der Tanz dazu, | **Aktionen** und **Emotionen** bildlich darzustellen. | Die **Disziplinen** reichen | vom klassischen **Tanztheater** mit **Orchesterbegleitung** | bis hin zum **kreativen** Ausdruckstanz. |

Typische Tanzelemente werden auch | als **Medium** in der **Therapie** eingesetzt. | Damit können die **Motorik** | und die **soziale Interaktion** gefördert werden. |

Manche sehen darin auch nur einen sportlichen **Aspekt**. | Sie bewegen sich nach bestimmten **Choreografien***, | um einen **athletischen** und **attraktiven** Körper zu bekommen. |

Jeder ist ein **potenzieller*** Tänzer. | Nur ein wenig **Fantasie*** | und **Kondition** sollte man mitbringen.

115 Wörter

* *Hier sind auch andere Schreibweisen möglich: Choreographien; potentieller; Phantasie. Im Text ist jeweils die Duden-Empfehlung angegeben.*

Übrigens …

tanzte sich Dresden ins Guinnessbuch der Rekorde.

Im Rahmen des Semperopernballs sollte am 1. Februar 2013 der Weltrekord im Freiluft-Walzertanzen geknackt werden. Es klappte! 1 966 Paare tanzten synchron auf dem Dresdner Kopfsteinpflaster.

Diktat 103 Kirchenraub

LEVEL 3

Ein offenbar **psychisch labiler** Mann | hat aus einer **katholischen** Kirche ein wertvolles **Kruzifix** | sowie eine Schale mit **Myrrhe*** entwendet. |

Die Polizei erwischte den **Typen** | und **konfiszierte** das **christliche** Diebesgut. | Weil er **aggressiv reagierte** | und **obszöne** Gesten machte, | wurde er umgehend in einer **Arrestzelle** untergebracht. | Sein **sympathisches** Aussehen steht in **radikalem Kontrast** | zu seinem **cholerischen Charakter**. |

Trotz **intensiver** Bemühungen | konnte seine **Identität** nicht festgestellt werden. | Auch sein **Motiv** blieb unklar. | Daher wurden die Bürger aufgerufen, | den Mann anhand einer **Fotografie*** zu **identifizieren**. | Dies ist **essenziell***, | damit man ihm den **Prozess** machen kann. |

In der **Polizeiinspektion** | ging daraufhin ein **anonymer** Anruf ein, | der **substanzielle*** Hinweise lieferte. | Angeblich handelt es sich bei dem Täter | um einen **Theologen**, | der unter **akuten** Wahnvorstellungen leidet | und dringend **therapeutische** Hilfe benötigt.

124 Wörter

** Hier sind auch andere Schreibweisen möglich: Myrre; Photographie; essentiell; substantielle. Im Text ist jeweils die Duden-Empfehlung angegeben.*

Englische Fremdwörter

Heute stammen besonders viele Fremdwörter aus dem Englischen. Ihre Schreibung kennst du vielleicht schon aus dem Fremdsprachenunterricht. Wenn **englische Wörter im Deutschen** verwendet werden, musst du jedoch ein paar **Besonderheiten** beachten.

- Englische **Nomen** schreibt man im Deutschen **groß.**
  → *Beamer, Container, Design, Jet, Laptop, Short, Snack, Steak, Thriller, Team*
- Bei Nomen, die auf **y enden**, bleibt das y auch **im Plural** erhalten.
  → *Babys, Hobbys, Ladys, Storys, Partys*
- **Verben** erhalten oft deutsche **Endungen** und werden auch nach deutschen Regeln **konjugiert**.
  → *chatten, downloaden, jobben, joggen, scannen, shoppen, skaten*
  *Marie **joggt** häufig nach der Schule. Tim hat in den Ferien **gejobbt**.*
- Für manche häufig gebrauchte Wörter ist auch eine **vereinfachte**, „eingedeutschte" **Schreibweise** möglich.
  → *Club – Klub, Disco – Disko, Ketchup – Ketschup, Sketch – Sketsch*

Diktat 104 Hobbys

LEVEL 1

Nach der Schule treibt Jan viel **Sport:** | Er **skatet** gern, spielt **Basketball** | oder ist mit dem **Mountainbike** unterwegs. |

Jan hat jedoch noch andere **Hobbys:** | Um keinen **Trend** zu verpassen, | geht er gern **shoppen**. | Erst gestern hat er sich einen neuen **Pullover**, | eine **Jeans** und **Sneakers** gekauft. |

Am Nachmittag sitzt Jan auch häufig vor dem **Laptop** | oder er **surft** auf seinem **Tablet**. | Dann **chattet** er mit seinen Freunden, | um sich für das Wochenende | in der **Disco*** oder auf **Partys** zu verabreden.

80 Wörter

* *Auch möglich: Disko. Im Text ist die Duden-Empfehlung angegeben.*

Diktat 105 Ein cooler Job

LEVEL 2

In meinem **Job** bei der Zeitung | arbeite ich in einem tollen **Team.** | Wir haben zwar viele **Meetings,** | die manchmal etwas langweilen, | doch meistens fahre ich | mit meinem **Jeep** durch die **City** – | immer auf der Suche nach **News.** | Mein **Notebook** habe ich stets bei mir, | damit ich die **Storys** gleich **posten** kann. |

Letzte Woche durfte ich ein **Interview** | mit einem **coolen Rapper** führen. | Der **Star** gab ein Konzert | in einem **hippen Klub*** am **Containerhafen.** | Für den **Event** hat mir ein **Sponsor Tickets** besorgt. |

Nach der **Show** durfte ich hinter die Bühne. | Bei einem **Sicherheits-check** wurde ich erst einmal **gescannt.** | Aber dann war alles sehr **relaxt.** | Der **Leader** der **Band** ist der geborene **Clown,** | er machte einen **Gag** nach dem anderen. | Der Abend war der absolute **Hit.**

125 Wörter

* *Auch möglich: Club. Im Text ist die Duden-Empfehlung angegeben.*

Übrigens ...

waren im Deutschen nicht immer nur englische Fremdwörter in Mode.

Benutzen wir heute besonders viele Fremdwörter aus dem Englischen, waren früher lateinische, griechische oder französische Ausdrücke angesagt.
Der Anteil fremder Wörter im Deutschen ist übrigens seit Jahrhunderten gleichbleibend, was daran liegt, dass viele fremde Wörter auch wieder verschwinden. Die Befürchtung mancher Menschen, dass wir irgendwann alle nur noch Englisch sprechen, ist also völlig unbegründet.

Zusammengesetzte englische Fremdwörter

Auch bei Zusammensetzungen gibt es im Deutschen einige Regeln, die zum Teil von der englischen Schreibweise abweichen.

- Eine Verbindung aus **zwei Nomen** schreibt man in der Regel **zusammen**. Zur besseren Lesbarkeit kann auch ein **Bindestrich** gesetzt werden.
  → *Businessplan – Business-Plan, Sciencefiction – Science-Fiction*
- **Adjektiv-Nomen-Verbindungen** werden **getrennt** oder **zusammengeschrieben**, aber nicht mit Bindestrich. Nur in Zusammensetzungen wird ein Bindestrich gesetzt oder zusammengeschrieben.
  → *Big Band – Bigband, Fast Food – Fastfood, Soft Drink – Softdrink*
  aber: Big-Band-Musik – Bigbandmusik, Fast-Food-Kette – Fastfoodkette
- Nominalisierungen, die sich aus **Verb** und **Adverb** zusammensetzen, werden meist **zusammen-** oder mit **Bindestrich** geschrieben.
  → *Comeback – Come-back, Kickoff – Kick-off, Playback – Play-back*
- Verbindungen von **Wortgruppen** schreibt man mit **Bindestrich**.
  → *Do-it-yourself-Programm, No-Future-Generation, Duty-free-Shop*
- Mit **Bindestrich** werden auch Verbindungen mit einzelnen **Buchstaben** und **Abkürzungen** geschrieben.
  → *E-Mail, E-Book, T-Shirt; DVD-Player, Hi-Fi-Anlage*

Diktat 106 Brauchen wir englische Wörter?

LEVEL 2

Kann man statt **Blackout*** nicht einfach Stromausfall sagen | und Anmeldung statt **Check-in-Schalter**? | Müssen wir einen **Small Talk*** führen, | wenn wir doch auch plaudern können? |

Wer aber will die **E-Mail** elektronische Post nennen | oder den **Airbag** Prallkissen? | Auch ins **Internet** führt der Weg doch besser | über den **Hotspot*** als über den Einwahlpunkt. | Selbst ein **Factory-Outlet*** klingt reizvoller als Fabrikabverkauf | und der **Fulltime-Job*** wirkt geschäftiger als die Ganztagsarbeit. | Doch ein **Hobbysportler**, | der ein **Warm-up** macht, | anstatt sich aufzuwärmen, | **outet** sich wohl eher als **Snob**.

81 Wörter

* *Hier sind auch andere Schreibweisen möglich: Black-out; Smalltalk; Hot Spot; Factoryoutlet, Fulltimejob. Im Text ist jeweils die Duden-Empfehlung angegeben.*

Diktat 107 Topmanager und Dandy

LEVEL 3

Ich arbeite im **Management** eines großen **DVD-Shops**. | Da ist das richtige **Timing** wichtig. | Natürlich braucht man auch **Know-how***. | Ich habe mich auf **Science-Fiction-Filme*** spezialisiert. | Die erleben gerade ein **Comeback***, | vor allem im **Onlinebereich**. |

Manchmal wird ja behauptet, | wir wären eine **No-Future-Generation**, | doch mein erfolgreicher **Businessplan*** beweist das Gegenteil. |

Um im **Job** die nötige **Power** zu zeigen, | muss ich mich **fit** halten. | Dazu **trainiere** ich regelmäßig im **Fitnesscenter***. | Besonders **Sit-ups*** für den **Sixpack** sind mir wichtig. | Außerdem verzichte ich auf **Fast Food***. |

Dass ich es einmal ganz nach oben | in die **High Society** schaffen würde, | hätte ich als **Teenager** | ohne finanziellen **Background** auch nicht gedacht. | Doch jetzt trage ich statt **Jeans** und **T-Shirt** | nur noch Anzug oder sogar **Smoking**.

118 Wörter

* *Hier sind auch andere Schreibweisen möglich: Knowhow; Sciencefiction-Filme; Come-back; Business-Plan; Fitness-Center; Situps; Fastfood. Im Text ist jeweils die Duden-Empfehlung angegeben.*

Französische Fremdwörter

- Französisch war einmal die Sprache der Oberschicht in Europa. Deshalb gibt es im Deutschen auch heute noch viele französische Fremdwörter. Auch hier musst du auf die **besondere Schreibung** mancher Laute achten, zum Beispiel auf …
  → das Konsonantenpaar **ch** (als **sch** gesprochen):
  __Ch__ance, __Ch__ampignon, __Ch__ef, Bran__ch__e
  → die Vokalverbindungen **au** und **eau** (als **o** gesprochen):
  Rest__au__rant, __Au__bergine, __Au__-pair-Mädchen; Niv__eau__, Plat__eau__
  → das Vokalpaar **ou** (als **u** gesprochen):
  B__ou__levard, S__ou__venir, T__ou__rist
  → die Nachsilben **-age, -ee, -é, -eur, -et, -ette, -iere** und **-oire:**
  Gar__age__, All__ee__, Caf__é__, Mont__eur__, Buff__et__, Bagu__ette__, Prem__iere__, Repert__oire__
- Einige häufig gebrauchte Fremdwörter wurden zum Teil in ihrer Schreibweise schon **vereinfacht**. Dann sind **zwei Schreibweisen** möglich.
  → *chic – __schick__, Nougat – __Nugat__, Portemonnaie – __Portmonee__*

Diktat 108 Ein Hotel mit Niveau

LEVEL 2

Liebe **Cousine***,

die **Städtetour,** | die Mama gewonnen hat, ist toll! | Auf der ersten **Etappe** übernachteten wir | in einem **noblen Hotel** in Berlin. | Der **Portier** führte uns zur **Suite** | in der obersten **Etage.** | Von der **Terrasse** hatte man | einen **brillanten** Blick auf die **Allee.** |

Mama gönnte sich eine **Massage** | und Papa ist zum **Friseur*** gegangen. | Mittags haben wir in einem **Café** | eine **Quiche** gegessen. | Am Abend gab es dann ein **Buffet.** | Leider habe ich mir **Mayonnaise*** | auf meine **Satinbluse** gekleckert. | Aber wozu gibt es denn **Servietten**? |

Morgen führt unsere **Route** nach Paris. | Ich freue mich schon | auf leckeres **Baguette** und **Croissants.** |

Bis bald, Amelie!

103 Wörter

* *Auch möglich: Kusine; Frisör; Majonäse. Im Text steht die Duden-Empfehlung.*

Diktat 109 Tour durch Paris

LEVEL 3

Liebe **Cousine***,

Paris war **sensationell**! | Ein **Chauffeur** fuhr uns mit einer **Limousine** | durch die **schicken** Pariser **Boulevards**. | Er brachte uns von einer **Boutique*** zur nächsten. | Als **Souvenir** habe ich mir in einer **Drogerie** | ein **Parfum*** und eine **Creme*** gekauft. |

Abends speisten wir in einem **eleganten Restaurant**. | Im **Salon** spielten sie französische **Chansons** | und im **Pavillon** stieg eine **Wasserfontäne** auf. |

Das **niveauvolle Menü** begann mit gefüllten **Champignons**. | Danach gab es für meine Eltern | **Rinderfilet** mit **Püree**, | ich bekam **Cordon bleu** mit **Pommes frites**. | Es folgte eine Käseplatte mit **Camembert** | und zum **Dessert servierte** man uns eine **Biskuitrolle**. | Nichts für die schlanke **Taille**! |

Mein **Resümee:** Das war ein toller Urlaub! |
Das Beste war natürlich, | dass mein Vater auf der **kompletten** Reise | sein **Portemonnaie*** nicht zücken musste. |

Adieu! Deine Amelie

127 Wörter

* *Hier sind auch andere Schreibweisen möglich: Kusine; Butike; Parfüm (dann aber andere Aussprache!); Krem, Kreme; Portmonee. Im Text ist jeweils die Duden-Empfehlung angegeben.*

Sonstige Fremdwörter

Natürlich gibt es im Deutschen auch zahlreiche Fremdwörter **aus vielen anderen Sprachen**. Hier einige Beispiele ...

- aus dem **Arabischen** und **Türkischen:**
  → *Chemie, Kaffee, Moschee; Jo**gh**urt – Jo**g**urt, Döner*
- aus dem **Chinesischen** und **Japanischen:**
  → *Feng-Shui – Fengshui, Tai-Chi, Tofu, Wok; Judo, Karate, Sushi, Tsunami*
- aus dem **Italienischen** und **Spanischen:**
  → *Cappuccino, Gnocchi, Pizza, Scampi, Spa**gh**etti – Spa**g**etti, Zucchini; Chili, Nachos, Salsa, Siesta, Tapas*

Diktat 110 Internationaler Tagesablauf

LEVEL 3

Bevor Lisa ihren **Pyjama** auszieht, | macht sie oft noch etwas **Gymnastik:** | entweder **Yoga*** oder **Tai-Chi**. | Auch **Judo** oder **Karate** mag sie ganz gern. |

Dann hüpft Lisa unter die Dusche. | Sie verwendet ein **Shampoo** | mit dem Duft von **Papaya** und **Bambus**. | Bei ihrer morgendlichen **Toilette** | dürfen auch **Kajal** und **Mascara** nicht fehlen. |

Anschließend trinkt sie **Kakao** | und löffelt einen Becher **Joghurt***. | Schnell zieht sie ihren **Anorak** an und eilt los. |

Das Essen in der **Schulkantine** | fällt oft **international** aus: | **Pizza** mit **Mozzarella**, | gefüllte **Zucchini**, | ein Salat mit **Feta** | oder **Spaghetti*** mit **Scampi**. | Auch **Sojagemüse** aus dem **Wok** findet Lisa lecker. | Nur **Sushi** und **Tofu** sind ihr **suspekt**. |

Nach den Hausaufgaben macht sie | meist eine kurze **Siesta**. | Danach trifft sie sich gern mit Freunden | in einer **Tex-Mex-Bar**. | Dort gibt es leckere **Tapas** | oder scharfe **Nachos** mit **Chili**. | Manchmal gehen sie auch in eine **Karaokebar**.

143 Wörter

* *Hier sind auch andere Schreibweisen möglich: Joga; Jogurt; Spagetti.*
Im Text ist jeweils die Duden-Empfehlung angegeben.

Trennstrich und Bindestrich

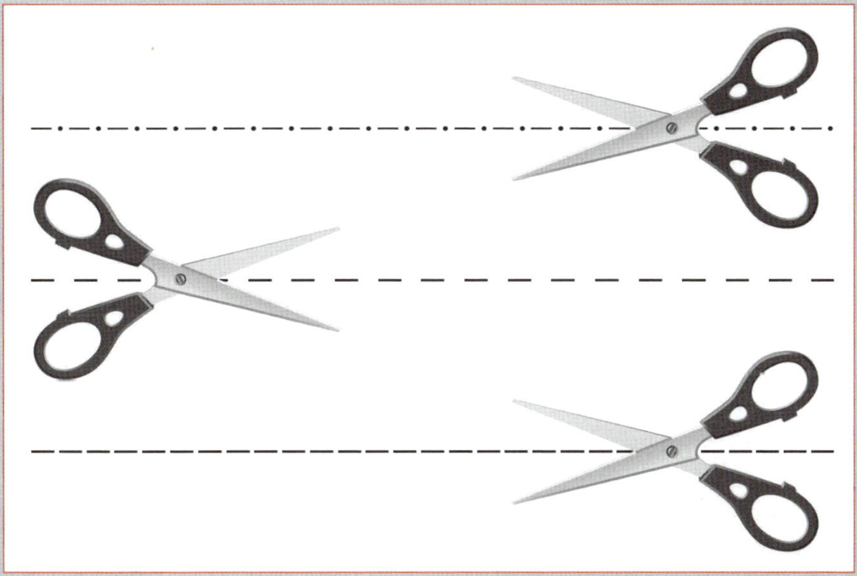

- Warum trennt man Wörter überhaupt? Eigentlich könnte man ja jedes Wort, das nicht mehr in eine Zeile passt, in die nächste schreiben. Doch dabei entstehen unschöne **Lücken im Textfluss**. Außerdem braucht man dann viel **mehr Platz**. Daher ist der **Trennstrich** ein wichtiges Satzzeichen. Wie man Wörter richtig trennt, kannst du in diesem Kapitel üben.

  Hinweis: Die Texte werden zunächst ganz **normal diktiert** und aufgeschrieben. Im Anschluss trägst du die **Trennstriche** ein.

- Auch der **Bindestrich** ist sehr nützlich: Dieses Satzzeichen gliedert zusammengesetzte Wörter in ihre **einzelnen Bestandteile** und macht sie damit **übersichtlicher** und **leichter lesbar**. So lassen sich die Wörter *Haus-Chor* oder *Streik-Ende* beispielsweise besser erfassen als *Hauschor* und *Streikende*.

Trennung nach Sprechsilben

- **Mehrsilbige Wörter** trennt man nach **Sprechsilben**. Du hörst sie, wenn du das Wort langsam liest und zwischen den Silben kurze Pausen machst.
  → *Au-to, par-ken, Baum-haus, Ver-hält-nis, Ei-er, Le-xi-kon, Spi-on, bei-ßen*
- **Doppelkonsonanten** werden getrennt, wenn sie auf der Mitte zwischen zwei Silben stehen.
  → *Af-fe, Him-mel, ret-ten, las-sen*
  aber: himm-lisch (Doppelkonsonant steht nicht auf der Silbengrenze)
- Auch die **Buchstabenpaare dt**, **ng**, **pf**, **sp**, **st** und **tz** werden getrennt, wenn sie auf der Grenze zwischen zwei Silben stehen.
  → *städ-tisch, Hun-ger, kämp-fen, Wes-pe, Mus-ter, Kat-ze*
  aber: hung-rig (Buchstabenpaar steht nicht auf der Silbengrenze)

Diktat 111 Von Knappen und Rittern

LEVEL 1

Wer im Mit|tel|al|ter Rit|ter wer|den woll|te, | muss|te schon in jun|gen Jah|ren da|mit be|gin|nen. | Be|reits mit sie|ben Jah|ren wur|de ein Kna|be | in ei|ne frem|de Burg ge|schickt, | um erst ein|mal Knap|pe zu wer|den. |

Dort lern|te er rei|ten | und mit ei|ner Waf|fe zu kämp|fen. | Er muss|te auch klet|tern, | schwim|men und rin|gen kön|nen. | Weil die Rüs|tung sehr schwer war, | soll|te der Jun|ge kräf|tig sein. |

Nur die bes|ten Schü|ler meis|ter|ten | die|se kör|per|lich an|stren|gen|de Aus|bil|dung.

69 Wörter

Besondere Trennungsregeln

- Die **Buchstabenverbindungen sch**, **ck** und **ch** werden nicht getrennt.
  → *Ma-**sch**en, schi-**ck**en, la-**ch**en*
- **Einzelne Vokale** am Anfang oder Ende eines Wortes werden ebenfalls nicht abgetrennt.
  → ***a**ber, **A**ben-teuer, **E**kel, **I**gel;*
  *Reu**e**, frei**e**, Bi**o**, Ko-re**a***
- Trennungen, die den **Wortsinn entstellen**, sollte man vermeiden.
  → *be-inhalten (nicht: bein-halten), Ur-instinkt (nicht: Urin-stinkt)*

Diktat 112 Haare im Wandel der Zeit

LEVEL 2

Über vie|le Jahr|hun|der|te tru|gen | bra|ve **Ehe**|frau|en ih|re Haa|re lang. |
Man konn|te sie hoch|ste|cken | oder zu di|cken Zöp|fen flech|ten. |

Aber im Lau|fe der Zeit | än|der|te sich die Haar|mo|de **e**norm. |
Die Gleich|be|rech|ti|gung be|in|hal|te|te auch | ei|nen Wan|del der Fri|su|ren. |

Nach dem Ers|ten Welt|krieg | wur|de der Bu|bi|kopf mo|dern. |
Die|sen prak|ti|schen Kurz|haar|schnitt | konn|te man schnell wa|schen und föh|nen. |

Heu|te kann man sich an je|der **E**cke | ei|ne neu**e** Fri|sur ma|chen las|sen. |
Von der Glat|ze **ü**ber den Iro|ke|sen | bis zu lan|gen und **e**le|gan|ten Lo|cken | ist ei|gent|lich al|les mög|lich.

81 Wörter

Übrigens ...

erfuhren im alten Griechenland Frisuren besondere Aufmerksamkeit.

Den Athenern war ein gepflegtes Aussehen dermaßen wichtig, dass sie eigens ein Tribunal errichteten, das über Angelegenheiten der Kleidung und der Haartracht entschied. Frauen, die öffentlich mit einer unordentlichen Frisur gesichtet wurden, mussten sogar Geldstrafen zahlen.

Trennung von Fremdwörtern

- In Fremdwörtern bleiben **th**, **ph** und **sh** ungetrennt.
  → *Rhy**th**-mus, Ma-**the**-ma-tik, Pro-**ph**et, Fa-**sh**ion*
- Bei Fremdwörtern gibt es oft **verschiedenen Möglichkeiten** der Trennung.
  → *in-te-**r**es-sant – in-te**r**-es-sant, Ma-**g**net – Ma**g**-net, Fe-**b**ru-ar – Fe**b**-ru-ar*

Diktat 113 Plätzchen backen

LEVEL 3

Um Plätz|chen zu ba|cken, | musst du Mehl, Milch, But|ter, | Zu|cker, Va|nil|le|**aro**|ma und Ei|er ver|mi|schen. | Ver|wen|de mög|lichst Ei|er aus Bi**o**|hal|tung. |

Die Men|gen brauchst du nicht | streng ma|the|ma|tisch neh|men, | du kannst sie auch **über**|schla|gen. | Haupt|sa|che die Mas|se wird we|der | zu kleb|rig noch zu flüs|sig. |

Rol|le den Teig aus | und stich mit ei|ner Form run|de Stü|cke aus. | Ba|cke sie dann im **O**fen knusp|rig* braun. | Der fri|sche Duft zieht dei|ne Fa|mi|**lie** | si|cher bald ma|gne|tisch* an. |

Aber nicht die Zeit ver|ges|sen, | sonst wer|den dei|ne Back|küns|te zur Ka|ta|stro|phe!* | Man muss kein Pro|phet sein, | um zu er|ah|nen: | Ver|kohl|te Plätz|chen schme|cken | **e**her in|te|res|sant* als le|cker.

97 Wörter

** Hier sind auch andere Trennungen möglich: knus|pe|rig; mag|ne|tisch; Ka|tas|tro|phe, Ka|tast|ro|phe; in|ter|es|sant. Im Text ist jeweils die Duden-Empfehlung angegeben.*

Schreibung mit Bindestrich

In folgenden Fällen **musst** du einen Bindestrich setzen:

- Der Bindestrich wird bei Zusammensetzungen von Wörtern mit einzelnen **Buchstaben, Ziffern** oder **Abkürzungen** gesetzt.
  → *Plural-e, s-Laut; 5-prozentig, 10-jährig; Lkw-Reifen, Handball-EM*
- Bindestriche setzt man zwischen **alle Bestandteile** von mehrteiligen Zusammensetzungen und Aneinanderreihungen.
  → *Vitamin-C-haltig, 5-Euro-Schein, 100-m-Lauf, Berg-und-Tal-Fahrt*
- Den Bindestrich verwendet man auch bei Zusammensetzungen, die **Namen** enthalten oder ausschließlich aus Namen bestehen.
  → *Rudolf-Brunner-Straße, Norwegen-Urlaub, Goethe-Gedichte*
- **Nominalisierte Verben** mit mehreren Bestandteilen schreibt man mit Bindestrich, wenn die Aneinanderreihung sonst zu **unübersichtlich** wird. Das erste und das letzte Wort wird dann großgeschrieben.
  → *das In-den-Tag-Hineinleben, zum Aus-der-Haut-Fahren*
  aber: das Fußballspielen

Diktat 114 Ein toller Urlaub

LEVEL 2

Unser **Amerika-Urlaub** hatte | ein tolles **Preis-Leistungs-Verhältnis.** | Für den Flug mussten wir nur | wenige **100-Euro-Scheine*** hinblättern. |

Der Urlaub war ein **100-prozentiger*** Volltreffer. | Wir wohnten nicht in einer **x-beliebigen** Unterkunft, | sondern in einem **5-Sterne-Hotel*** | in **1-a-Lage*** im **Disney-Vergnügungspark**. | Meine **4-jährige*** Schwester | durfte dort sogar kostenlos wohnen. |

Wir hatten ein **3-Tages-Ticket*** | und tobten uns beim **Auf-und-ab-Laufen** | auf dem Gelände richtig aus. | Die restliche Zeit verbrachten wir am Strand | und genossen das **Auf-der-faulen-Haut-Liegen**. | Nächstes Jahr wollen wir wieder eine **USA-Reise** machen.

77 Wörter

* *Hier sind auch andere Schreibweisen möglich: Hunderteuroscheine, Hundert-Euro-Scheine; hundertprozentiger, 100%iger; Fünfsternehotel, Fünf-Sterne-Hotel; Eins-a-Lage; vierjährige; Dreitagesticket, Drei-Tages-Ticket*

Bindestrich zur Verdeutlichung und als Ergänzungsstrich

In folgenden Fällen **kannst** du einen Bindestrich setzen:

- Der Bindestrich kann bei **mehrteiligen Zusammensetzungen** verwendet werden, um diese **übersichtlicher** und so leichter lesbar zu machen.
  → *Transit-Zentrale, Streik-Ende, Ultraschall-Messgerät*
- Die Bindestrich-Schreibung bietet sich vor allem dort an, wo **drei gleiche Vokale** oder **Konsonanten** aufeinandertreffen.
  → *See-Elefant, Ballett-Tänzer, Still-Leben, Stoff-Fülle, Schluss-Strich*
- Wenn eine Zusammenfügung aus mehr als zwei Wörtern besteht, setzt du den Bindestrich **nur** auf der Grenze zwischen den **Hauptbestandteilen**.
  → *Fußball-Weltmeisterschaft (nicht: Fuß-Ball-Welt-Meisterschaft)*
- Du kannst den Bindestrich auch als **Ergänzungsstrich** verwenden, um bei Zusammensetzungen gleiche Wortbestandteile nicht zu wiederholen.
  → *Groß- und Einzel**handel**, sang- und klang**los**, **Schul**bücher und -hefte*

Diktat 115 Streik der Zugbegleiter

LEVEL 3

Die Zugbegleiter im **Nah-** und **Fernverkehr** | fordern eine **5-prozentige*** Lohnerhöhung. | Die **Eisenbahn-** und **Verkehrsgewerkschaft** | ruft daher ihre Mitglieder zum Streik auf. |

Die Streikenden blockieren seit mehreren Tagen | die **Ein-** und **Ausgänge** der Bahnhöfe | und machen mit **Papp-Plakaten*** und Trillerpfeifen | auf den **Miss-Stand*** ihrer Arbeitsbedingungen aufmerksam. |

Ein **Streik-Ende*** ist bisher nicht in Sicht, | denn **Arbeitgeber** und **-nehmer** konnten | in den Verhandlungen noch keine Einigung erzielen. |

Die Tarifpartner wollen auf der morgigen **Abschluss-Sitzung*** | aber endlich einen **Schluss-Strich*** | unter diese Angelegenheit ziehen.

79 Wörter

* *Hier sind auch andere Schreibweisen möglich: fünfprozentige, 5%ige; Pappplakaten; Missstand; Streikende; Abschlusssitzung; Schlussstrich*

Zeichensetzung

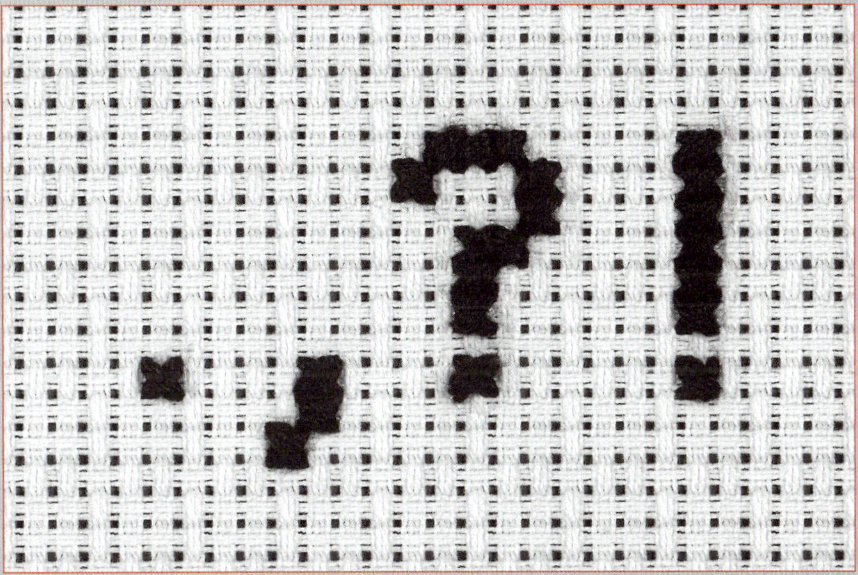

Hast du gewusst, dass **Zeichensetzungsfehler mehr als die Hälfte aller Fehler** in Texten ausmachen? Dabei stehen Kommafehler an der Spitze. Das bedeutet: Wenn du die Zeichensetzung gut trainierst, dann hast du sehr viel für deine Rechtschreibleistung insgesamt getan!

Auf den folgenden Seiten findest du Diktate zu den Themen …

- Satzschlusszeichen (Punkt, Ausrufezeichen, Fragezeichen),
- Satzzeichen der wörtlichen Rede,
- Kommasetzung.

Hinweis: Bei den folgenden Diktaten sollten die rot **markierten Satzzeichen** jeweils **nicht diktiert** werden.

Satzschlusszeichen

Am Ende von Sätzen steht immer ein **Satzschlusszeichen**. Es zeigt das Ende eines Satzes an.

- Der **Punkt** steht am Ende von **Aussagesätzen**.
  → *Joey sucht seine Socken. Sein Hund hat sie wohl versteckt.*
- Das **Ausrufezeichen** steht nach **Ausrufen**, **Wünschen** und **Befehlen**.
  → *Was für ein herrliches Tor! Wäre es doch wärmer! Lass mich in Ruhe!*
- Am Ende eines **Fragesatzes** oder nach einzelnen **Fragewörtern** steht ein **Fragezeichen**.
  → *Gehen wir morgen ins Kino? – Wann?*
- Auch nach einem **Aussagesatz** kann ein **Fragezeichen** stehen, wenn er als Frage verstanden werden soll.
  → *Du hast Marie gestern auch in der Stadt gesehen?*

Diktat 116 April, April!

LEVEL 1

Woher kommt der Aprilscherz? | Keine Ahnung! | Wer weiß es? |

Hat es etwas mit dem Wetter zu tun? | Das Aprilwetter ist ja ganz schön hinterlistig. | Es verspottet uns auch manchmal. |

Erst ist es wunderbar sonnig. | Doch dann überrascht uns ein Regenschauer | und wir werden nass. | Reingelegt! |

Das ist aber nur eine Vermutung. | Möglicherweise hat der Aprilscherz | auch einen ganz anderen Ursprung. | Würden wir doch seine genaue Herkunft kennen! | Vielleicht hast du ja eine gute Idee? | Denk dir eine Geschichte aus!

79 Wörter

Diktat 117 Kleine und große Lügen

LEVEL 2

Hast du schon einmal gelogen? | Nein? | Stimmt nicht! | Es lügt doch wirklich jeder! | Wir alle lügen zumindest ab und zu. |

Doch ist jede Lüge falsch? | Sind kleine Schwindel nicht erlaubt? | Auch die Wahrheit kann manchmal ganz schön verletzen. | Wäre eine Lüge dann nicht sogar besser? |

Wenn die kleine Schwester ihr Kunstwerk zeigt, | dann darf man doch sicher ausrufen: | „Das Bild sieht toll aus!“ | Darüber freut sie sich | und keiner wird verletzt. |

Bei einer gemeinen Lüge | sieht die Sache aber anders aus. | Täusche niemanden mit böser Absicht! |

Wann ist eine Lüge also nun in Ordnung? | Wäre die Antwort darauf doch einfacher! | Doch das muss jeder für sich selbst herausfinden. | Aber Vorsicht! | Die Grenzen zwischen einer harmlosen | und einer gefährlichen Lüge sind oft fließend.

122 Wörter

Übrigens …

werden Lügner oft rot, schwitzen, schauen weg oder stottern.

Manchmal sind diese Anzeichen aber kaum zu erkennen, sodass man einen Lügendetektor braucht. Der misst Blutdruck, Herzfrequenz, Atmung und die Feuchtigkeit auf der Haut eines möglichen Lügners. Diesem wird dann eine fiese Frage gestellt, zum Beispiel: „Findest du mich hübsch?“ Ein höflicher Mensch wird hier vermutlich lügen – und schon schlagen die Messgeräte Alarm. Vielleicht antwortet er aber auch ehrlich. Weil er gut erzogen ist, ist ihm das jedoch auch unangenehm und er wird nervös, obwohl er die Wahrheit sagt. In so einem Fall ist ein Lügendetektor ziemlich nutzlos.

Satzzeichen der wörtlichen Rede

- **Wörtliche Rede** wird durch **Anführungszeichen** gekennzeichnet. Der **vorangestellte Begleitsatz** wird mit einem **Doppelpunkt** abgeschlossen.
  → *Marie sagte: „Die Straße ist glatt."*
- Steht der **Begleitsatz hinter** der wörtlichen Rede, wird er durch ein **Komma** abgetrennt. Der **Punkt** am Ende der Rede **entfällt** dann, jedoch nicht das Frage- oder Ausrufezeichen.
  → *„Die Straße ist glatt", sagte Marie.*
  „Ist die Straße glatt?", fragte Marie.
  „Die Straße ist aber glatt!", rief Marie.
- Wird der **Begleitsatz** in die wörtliche Rede **eingeschoben**, wird er durch **zwei Kommas** abgetrennt.
  → *„Die Straße ist so glatt", sagte Marie, „dass wir nicht fahren sollten."*

Diktat 118 Tolle Freundschaft!

LEVEL 1

„Kommst du mit in die Eisdiele?", fragte Jonas. | „Ich kann nicht", entgegnete Sabine, | „weil ich noch lernen muss." |

Jonas schmollte: | „Immer findest du eine Ausrede!" | „Das stimmt nicht!", erwiderte Sabine. | „Letzte Woche waren wir im Kino." | „Und was machen wir diese Woche?", drängte Jonas. |

Sabine antwortete: | „Wir sehen uns doch täglich in der Schule. | Reicht das nicht?" | Jonas schüttelte den Kopf. | „Warum willst du nichts mit mir unternehmen?", fragte er. |

Sabine musterte ihn und sagte dann: | „Du musst dich eben etwas cooler anziehen. | So gehe ich mit dir nur ins Kino. | Da ist es dunkel!"

95 Wörter

Diktat 119 Zollfahndung

LEVEL 2

Ein Mann überquert mit seinem Fahrrad die Grenze. | Auf dem Gepäckträger hat er einen Sack. | Der Zöllner fragt: | „Haben Sie etwas zu verzollen?" | „Nein", antwortet der Mann, | „in dem Sack ist nur Sand." | Der Zöllner traut ihm nicht. | „Öffnen Sie den Sack!", befiehlt er. | Doch er findet in der Tat nur Sand. |

Der Mann fährt nun jeden Tag mit dem Fahrrad | und dem Sack über die Grenze. | Nach zwei Wochen | zweifelt der Zöllner erneut und hakt nach: | „Was befindet sich in dem Sack?" | Der Mann antwortet knapp: „Sand." | „Sie werden es noch bereuen", | warnt ihn der Zöllner, | „wenn Sie mich zum Narren halten!" | Er lässt den Sand im Labor untersuchen. | Doch es ist wirklich nur Sand. |

Nach einem weiteren Monat | hält es der Zöllner nicht mehr aus. | „Was schmuggeln Sie? | Verraten Sie es mir!", | fleht er den Mann an. | „Ich zeige Sie auch nicht an." | Spöttisch ruft der Mann: „Fahrräder!"

150 Wörter

Komma bei Aufzählungen

- In **Aufzählungen** werden **gleichrangige Wörter**, **Wortgruppen** oder **Teilsätze** durch **Komma** abgetrennt. Wird ein Glied der Aufzählung mit **und/oder** angeschlossen, steht davor **kein Komma.**
  → *Kaufst du bitte Milch, Butter **oder** Margarine, Käse **und** Brötchen ein?*
  *Ich werde inzwischen den Tisch decken, Kaffee aufsetzen **und** Eier kochen.*
- **Kein Komma** steht außerdem, wenn die Glieder einer Aufzählung mit folgenden **Konjunktionen** verbunden sind: *sowie, beziehungsweise, entweder … oder, sowohl … als auch, weder … noch, wie.*
  → *Wir haben zwei Hamster, drei Meerschweinchen **sowie** ein Kaninchen.*
  *Ich möchte **entweder** eine Katze **oder** einen Hund.*
- Zwischen **nicht gleichrangigen Adjektiven** schreibt man **kein Komma**. Das erkennst du daran, dass du zwischen die beiden Adjektive kein **und** setzen kannst.
  → *ein gutes neues Jahr; die allgemeine politische Lage (nicht gleichrangig)*
  *aber: schönes, warmes Wetter – schönes **und** warmes Wetter (gleichrangig)*

Diktat 120 Ich packe meinen Koffer

LEVEL 1

Einen Kamm, die Zahnbürste **sowie** Zahnpasta | habe ich bereits in den Waschbeutel gepackt. | Doch **weder** Seife **noch** Duschgel nehme ich mit. | Das gibt es meistens im Hotel. | An Sonnenmilch, die Sonnenbrille **und** einen Hut | muss ich noch denken. | Unterwäsche, Blusen, Röcke **und** Sandalen | liegen schon im Koffer. | Soll ich meinen Schlafanzug | **oder** besser das Nachthemd mitnehmen? |

Für den Strand habe ich | zwei große, rote Handtücher, | den neuen Badeanzug **und** eine Bastmatte eingepackt. | In den Rucksack kommen **sowohl** die Kamera | **als auch** die Bücher. |

Ich freue mich schon | auf einen schönen, entspannten Urlaub | an der **sonnigen italienischen** Küste.

97 Wörter

Diktat 121 Im Supermarkt

LEVEL 2

Neulich schickte mich meine Mutter | mit einer langen, unübersichtlichen Einkaufsliste für unser Grillfest, | ihrem großen Korb | **sowie** ihrer Geldbörse in den Supermarkt. |

Also kaufte ich Grillfleisch, Würstchen, Kartoffeln, Zwiebeln, | grüne, gelbe **und** rote Paprikaschoten | **sowie verschiedene scharfe** Soßen*. |

Leider fand ich **weder** Knoblauchbutter **noch** Kräuterbutter. | Deshalb nahm ich **sowohl** eine normale, ungesalzene Butter | **als auch** frischen Knoblauch | **und einige grüne** Kräuter | **wie** Schnittlauch, Petersilie, Basilikum **und** Kresse. |

Nun musste ich mich nur noch | mit dem Einkaufswagen in die Schlange stellen | **und** die Sachen an der Kasse bezahlen, | nach Hause* bringen **und** in den Kühlschrank | **beziehungsweise** die Speisekammer räumen.

98 Wörter

* *Auch möglich: Saucen; nachhause. Im Text ist die Duden-Empfehlung angegeben.*

Diktat 122 Ein Urlaub in Bayern

LEVEL 3

In den **letzten großen** Ferien | fuhren wir in die **schönen bayerischen*** Berge. | Die hohen, felsigen Gipfel beeindruckten mich sehr. | Mama, Papa, mein Bruder Tim **und** ich | gingen jeden Tag wandern **beziehungsweise** spazieren | **und** hatten viel Spaß. |

Unser Picknick machten wir meist | auf einer grünen, saftigen Wiese. | Dann wurden Brot, Käse **und** Schinken | **sowie** Saftschorle ausgepackt. | Nach den Wanderungen spielten wir | **entweder** Karten **oder** ein Brettspiel. |

An einem stürmischen, regnerischen Tag | besuchten wir ein Hallenbad. | Dort gab es **mehrere** | **lange**, steile **und** kurvige Rutschen, | einen Wasserfall, einen Strömungskanal | **sowie** ein warmes, gemütliches Außenbecken. | Wir badeten, plantschten, rutschten bis zum Abend. |

Diesen schönen, erlebnisreichen Urlaub | vergesse ich nicht so schnell!

* *Auch möglich: bayrischen.*

113 Wörter

Komma bei Gegensätzen und Einschränkungen

- Gegensätze werden durch Komma voneinander getrennt. Sie sind häufig an diesen **Konjunktionen** zu erkennen: *aber, sondern, jedoch, doch.*
  → *Der Tag heute war schön, **aber** auch ziemlich anstrengend.*
  *Ich koche nicht nur gern, **sondern** auch sehr gut!*
  *Weil sie zwar schön, **jedoch** zu leise sang, konnte sie nicht überzeugen.*
- Auch bei folgenden **Adverbien** wird ein Komma gesetzt: *teils – teils, einerseits – andererseits, halb – halb.*
  → ***Teils** war Mutter wütend, **teils** traurig wegen Saschas Verhalten.*

Diktat 123 Geschwister

LEVEL 1

Mit meiner Schwester verstehe ich mich | **teils** wirklich gut, **teils** eher schlecht. | Sie kann sehr hilfsbereit sein, | **aber** auch stur. |

Deshalb sind wir **einerseits** die besten Freundinnen, | **andererseits** auch oft zerstritten. | Das ist nicht nur verwirrend, | **sondern** manchmal ziemlich anstrengend. |

Erst gestern wollte ich mir | sowohl ihre blaue Bluse | als auch ihren roten Rock ausleihen. | Sie gab mir die Kleidungsstücke, | blickte mich **jedoch** sehr böse an. | **Halb** war sie nett, **halb** abweisend. |

Ich hatte die Sachen bekommen, | **doch** anziehen wollte ich sie jetzt nicht mehr. | Entweder soll sie mir ihre Sachen | gern geben oder eben nicht.

96 Wörter

Diktat 124 Reiseplanung

LEVEL 2

Marek und Linus wollen nach dem Schulabschluss | eine tolle, **aber** nicht so teure Reise unternehmen. | Sie sind auf der Suche sowohl nach Abenteuer | als auch nach sportlichen Herausforderungen. | Deshalb möchten sie eine Radtour | entweder am Rhein oder an der Donau machen.

Teils wollen sie in Jugendherbergen übernachten, | **teils** auf dem Campingplatz zelten. | Dazu müssen sie nicht nur das Zelt, | **sondern** auch die Isomatte | und den Schlafsack auf ihre Fahrräder packen. |

Einerseits wollen sie möglichst viel sehen, | **andererseits** nicht nur auf dem Sattel sitzen. | Sie scheuen zwar die Anstrengung nicht, | möchten sich zwischendurch **jedoch** auch erholen können. |

Für die Reise haben sie | die ganzen Ferien Zeit, **doch** pünktlich zum Ausbildungsbeginn | müssen sie wieder zurück sein.

114 Wörter

Komma zwischen Hauptsätzen

- Selbstständige Hauptsätze können durch **Komma** zu einer **Satzreihe** verknüpft werden. Sie werden häufig durch **nebenordnende Konjunktionen** (*denn, aber …*) und **Adverbien** (*deshalb, außerdem, dennoch …*) verbunden.
  → *Der Papagei schrie, die Katze fauchte, der Hund bellte.*
  Wo kommst du her, wo willst du hin?
  *Max liegt mit Fieber im Bett, **deshalb** ist er heute nicht in der Schule.*
- Werden zwei **vollständige** Hauptsätze durch die Konjunktionen **und**/**oder** miteinander verbunden, steht in der Regel **kein Komma**, aber du **kannst** es setzen.
  → *Du gehst weg(,) **und** ich bleibe hier.*
  *aber: Du gehst weg **und** kommst nicht zurück. (2. Satz unvollständig)*

Diktat 125 Der Dübel

LEVEL 1

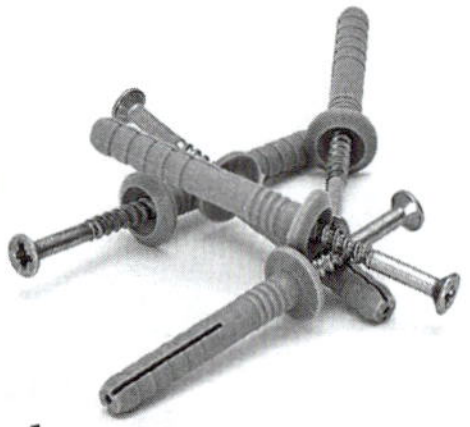

Die Erfindung des Dübels war genial, | **doch** das Prinzip ist eigentlich ganz einfach. |

Zuerst bohrt man ein Loch in die Wand, | **dann** wird der Dübel in das Bohrloch gesteckt. | Nun wird die Schraube eingedreht, | **dadurch** spreizt sich der Dübel | **und** verkeilt sich in der Wand. | Das geht ganz schnell(,) | **und** die Schraube hält danach sehr fest. |

Ohne Dübel können sich Handwerker | ihre Arbeit nicht mehr vorstellen, | **denn** er erleichtert ihnen die Arbeit sehr. | Dübel findet man heute in jedem Baumarkt, | sie sind in vielen Formen | für die unterschiedlichsten Wände erhältlich.

90 Wörter

Diktat 126 Allergie gegen Tiere

LEVEL 2

Deine Nase läuft, du musst ständig niesen(,) | **und** deine Augen tränen. | Das könnte ein Schnupfen sein, | **aber** auch eine Allergie ist denkbar. |

Du verträgst möglicherweise | bestimmte Nahrungsmittel nicht(,) | **oder** du bist auf Pollen allergisch. | Etwa einer von zehn Menschen | hat auch eine Allergie gegen Tiere, | die meisten davon reagieren auf Katzen. |

Eine Tierallergie hat man selten von Geburt an, | **sondern** sie tritt meist plötzlich auf. | Sie kann zum Beispiel | durch häufigen Kontakt mit Tieren ausgelöst werden, | **deshalb** trifft es sehr oft Tierbesitzer. |

Was hilft dann? | Am besten lässt du das Tier | nicht ins Schlafzimmer, **dann** kann sich | dein Körper in der Nacht erholen. | Außerdem solltest du vor dem Schlafen duschen | **und** die Kleidung nicht im Schlafzimmer lagern. | Vielleicht kannst du dein Haustier | auch eine Weile zu einem Freund geben, | **denn** manchmal verschwindet die Allergie wieder(,) | **und** du kannst das Tier zurückholen.

141 Wörter

Komma bei Nebensätzen: Relativsätze

- Vor einen **Relativsatz** wird ein **Komma** gesetzt. Relativsätze werden mit einem **Relativpronomen** (*der, die, das, welcher, welche, welches, was …*) eingeleitet. Manchmal geht dem Relativpronomen auch eine **Präposition** voraus.
  → *Siehst du den alten Baum, **der** dort drüben am Fluss steht?*
  *Da vorne steht der Baum, **auf den** ich klettern werde.*
- Geht der Hauptsatz nach dem Relativsatz weiter, musst du auch **das Ende** des Relativsatzes durch ein **Komma** markieren.
  → *Der Baum, **der** dort am Fluss steht, ist eine Eiche.*

Diktat 127 Was ist ein Aufwindkraftwerk?

LEVEL 1

Das einzige Aufwindkraftwerk, | **das** zu Forschungszwecken gebaut wurde, | steht in Spanien. | Man nutzt dabei die Sonnenenergie, | **aus der** Strom gewonnen wird. | Das Grundprinzip, | **nach dem** ein solches Kraftwerk arbeitet, ist einfach. |

Das Kraftwerk besteht aus einem Dach, | **das** Licht durchlässt, und einem Kamin, | **der** in der Mitte der Anlage steht. | Die Sonne erhitzt die Luft unter dem Dach, | **die** dann durch den Kamin nach oben strömt. | Eine Turbine, **die** sich im Kamin befindet, | wird durch den Aufwind angetrieben | und erzeugt Strom. |

Die zwei wesentlichen Größen, | **welche** die Leistung dieses Kraftwerks bestimmen, | sind die Dachfläche und die Höhe des Kamins.

99 Wörter

Diktat 128 Rettung in letzter Sekunde

LEVEL 2

Felix und Kai erreichten endlich das Meer, | **auf das** sie sich schon riesig gefreut hatten. | Trotz der langen Anfahrt, | **die** ziemlich anstrengend war, | stürmten die beiden Freunde | mit ihren Surfbrettern sofort zum Strand. |

Dort saß der Strandwächter, | **auf dessen** Strandabschnitt | sich kaum Badegäste befanden, | auf seinem Hochsitz und blätterte | gelangweilt in der Zeitung. |

Die Jungen paddelten aufs Meer hinaus, | **das** perfekte Wellen bot. | Draußen wollten sie die Surfbretter wenden, | **was** gar nicht so einfach war. | Eine Strömung, **welche** die beiden | überhaupt nicht bemerkt hatten, | zog sie immer weiter hinaus. |

Zum Glück blickte der Strandwächter, | **den** eine Möwe ärgerte, | gerade auf und erkannte die Gefahr, | **in der** die Jungen schwebten. | Sogleich sprang er in sein Rettungsboot, | **mit welchem** er | den beiden Jungen zu Hilfe eilte.

124 Wörter

Komma bei Nebensätzen mit Konjunktionen

- Ein **Nebensatz** wird durch ein **Komma** vom Hauptsatz abgetrennt. Einen Nebensatz erkennst du daran, dass er häufig durch eine **unterordnende Konjunktion** (*als, bevor, bis, da, dass, indem, ob, obwohl, sodass, während, weil, wenn …*) eingeleitet wird und das gebeugte Verb am Ende steht.
  → *Ich würde mich sehr freuen, **wenn** du zu meiner Party kommst.*
  ***Da** er den ganzen Tag noch nichts gegessen hat, ist er sehr hungrig.*
- Steht der Nebensatz **mitten im Hauptsatz**, sind **zwei Kommas** nötig. Achtung: Das Komma, das zu einem eingeschobenen Nebensatz gehört, wird auch vor **und/oder** geschrieben.
  → *Die Enttäuschung darüber, **dass** er verloren hat, ist ihm anzumerken.*
  *Sie prüft kurz, **ob** sie jemanden kennt, und verschwindet wieder.*
  *Du kannst mitmachen, **wenn** du dich traust, oder einfach nur zuschauen.*

Diktat 129 Bäume sind wichtig!

LEVEL 1

Wenn es keine Bäume gäbe, | könnten wir nicht atmen. | Bäume reinigen die Luft, | **indem** sie Schadstoffe umwandeln. | Sie sind, **da** sie Sauerstoff bilden, | eine entscheidende Grundlage für unser Leben. |

Obwohl die Bäume so wichtig sind, | holzen wir sie achtlos ab. | **Falls** wir unsere Bäume | in Zukunft nicht besser schützen, | wird das schlimme Folgen haben. | Wir dürfen nicht einfach abwarten, | **bis** alle Wälder verschwunden sind, | **oder** auf ein Wunder hoffen.

Wir müssen handeln, | **bevor** es zu spät ist, | **und** uns endlich mehr | für den Erhalt der Wälder einsetzen.

87 Wörter

Diktat 130 Der Niedergang der Indianer

LEVEL 2

Als Kolumbus* 1492 Amerika entdeckte, | war das Schicksal der Indianer besiegelt. | **Obwohl** die Zahl der Eroberer klein war, | konnten die Indianer sich nur schlecht wehren. | Gegen die Kanonen und Gewehre | konnten sie nichts ausrichten, | **sodass**** sie im Kampf unterlegen waren. |

Es starben auch viele Indianer, | **da** mit den Einwanderern | zahlreiche Krankheiten eingeschleppt wurden. | **Während** die Europäer | gegen die Erreger meist immun waren, | hatten die Körper der Indianer | dagegen keine Abwehrkräfte. |

Die Eroberer vertrieben die Indianer gewaltsam, | **weil** sie sich ihr Land aneignen wollten, | **und** so rotteten sie | die einzelnen Stämme nach und nach aus. | Später hat man die verbliebenen Stämme, | **obgleich** sie ihre Freiheit nicht aufgeben wollten, | mit Gewalt in Reservate* gesteckt.

112 Wörter

* *Die Schreibung sollte vorgegeben werden.*

** *Auch möglich: so dass. Im Text ist die Duden-Empfehlung angegeben.*

Diktat 131 Piraten und Freibeuter

LEVEL 3

Nachdem Amerika entdeckt worden war, | blühte der Seehandel im Atlantik auf. | **Da** die Handelsschiffe viele Güter beförderten, | wurden sie ein beliebtes Ziel für räuberische Überfälle. |

Während Piraten verbrecherische Seeräuber waren, | handelten Freibeuter im Auftrag von Staaten. | Die Seemächte warben Freibeuter an, | **damit** diese Schiffe anderer Länder ausraubten. | Solche Angriffe stellten, | auch **wenn** sie unrechtmäßig waren, | keine Piraterie dar. |

Weil alle Nationen Freibeuter anheuerten, | herrschte auf See Krieg, | **sodass*** fast kein Schiff mehr sicher war. | Eine besonders wertvolle Beute | waren die spanischen Schiffe, | **wenn** sie mit Silber aus Südamerika beladen waren. |

Wie das Beispiel von Sir Francis Drake** zeigt, | galt der Beruf des Freibeuters sogar als ehrenwert. | Er machte sich einen Namen, | **als** ihn die englische Königin zum Ritter schlug. |

Erst Mitte des 19. Jahrhunderts | wurde den Nationen klar, | **dass** ein gesicherter Seehandel wichtiger war | als die Schwächung anderer Staaten durch Freibeuter, | **und** sie unterzeichneten ein gemeinsames Abkommen.

147 Wörter

* *Auch möglich: so dass. Im Text ist die Duden-Empfehlung angegeben.*
** *Die Schreibung sollte vorgegeben werden.*

Übrigens ...

gibt es auch heute noch Piraten.

In einigen Regionen der Erde, zum Beispiel am Horn von Afrika vor der Küste Somalias, stellt die Piraterie heute wieder eine ernsthafte Gefahr dar. Dass man relativ selten davon hört, hat einen Grund: Meistens geben die Reedereien die Piratenangriffe gar nicht bekannt, weil sonst die Versicherungsprämien steigen würden oder ihr Ansehen Schaden nehmen könnte.

Komma bei mehreren Nebensätzen

- Das **Komma** trennt **Nebensätze unterschiedlicher Ordnung**.
  → ***Als** er sah, **dass** sie Hilfe brauchte, eilte er sofort zu ihr.*
  *Das ist der Stoff, **den** wir gelernt haben, **während** du krank warst.*
- Auch **gleichrangige Nebensätze** werden durch **Komma** voneinander getrennt. Das Komma **entfällt** jedoch, wenn die Nebensätze durch **und/ oder** verbunden sind.
  → *Ich freue mich, **dass** du gekommen bist, **dass** ihr alle gekommen seid.*
  ***Wenn** es regnet oder **wenn** es sehr neblig ist, werden wir nicht fahren.*

Diktat 132 Warum bebt die Erde in Italien?

LEVEL 3

Dass in Italien Vulkane ausbrechen | **und dass** dort die Erde häufig bebt, | hängt damit zusammen, | **dass** mehrere Erdplatten | das Land in die Zange nehmen. |

Weil sich von Süden her | die afrikanische Platte unter den europäischen Kontinent schiebt, | türmen sich am Nordrand Italiens | die Alpen auf, **die** stetig wachsen. | Aus östlicher Richtung gibt es | eine Plattenbewegung, **die** dazu führt, | **dass** sich von Nord nach Süd | der Apennin* aufschichtet, | **als** wäre er ein gefaltetes Tischtuch. | Korsika* rückt, **indem** von Westen | die europäische Platte auf Italien drückt, | immer näher an das Land heran. |

Nachdem Italien auf diese Weise eingekeilt wird, | ist der Boden zersplittert wie eine Glasscheibe. | Entlang der Fugen staut sich die Spannung, | **wodurch** es zu Erdbeben kommt, | **die** zum Teil heftig ausfallen können. |

Obwohl man es noch nicht sieht, | wird Italien langfristig zerreißen, | **sodass**** Teile des Landes | mit den Alpen verbunden sein werden, | **während** andere mit dem Balkan verwachsen | oder eigene Inseln bilden werden.

153 Wörter

* *Die Schreibung sollte vorgegeben werden.*
** *Auch möglich: so dass. Im Text ist die Duden-Empfehlung angegeben.*

Komma bei Einschüben und Zusätzen

- Nachgestellte und eingeschobene Wortgruppen, die ein Nomen näher erklären, heißen **Appositionen**. Sie werden durch **Komma** abgetrennt.
  → *Janina, **meine beste Freundin**, lief beim Marathon als Erste durchs Ziel.*
  *Goethe und Schiller lebten in Weimar, **einer Stadt in Thüringen**.*
- Ebenfalls mit Komma abgetrennt werden **Zusätze**, die unter anderem mit folgenden Wörtern oder Wendungen eingeleitet werden: *besonders, und zwar, also, nämlich, vor allem, sogar, und das.*
  → *Der Sommer, **besonders** der Juli, war in diesem Jahr recht kühl.*
  *Du musst schnell kommen, **und zwar** noch heute!*

Diktat 133 Wer war Benjamin Franklin* ?

LEVEL 2

Benjamin Franklin, einer der Gründerväter | der Vereinigten Staaten von Amerika, | wurde Anfang des 18. Jahrhunderts | in Boston*, einer Stadt an der Ostküste, geboren. | Politisch engagierte er sich schon früh, | **besonders** gegen die Sklaverei. |

Franklin wirkte bei der Ausarbeitung | der beiden zentralen Dokumente | der amerikanischen Gründungsgeschichte mit, | **und zwar** bei der Unabhängigkeitserklärung | und bei der amerikanischen Verfassung. | Lange Jahre lebte er als Diplomat | in Europa, **vor allem** in Frankreich. |

Franklin, ein vielseitig interessierter Mann, | war aber auch Naturwissenschaftler, | **sogar** ein bedeutender. | Auf dem Gebiet der Elektrizität | stammt eine wichtige Erfindung von ihm, | **nämlich** der Blitzableiter.

94 Wörter

* *Die Schreibung sollte vorgegeben werden.*

Diktat 134 Der Nobelpreis

LEVEL 3

Alfred Nobel*, ein schwedischer Chemiker, | erfand einen gefährlichen Sprengstoff, das Dynamit. | Durch diese Erfindung wurde er sehr reich, | **und zwar** in kürzester Zeit. | Er erkannte aber auch | die Schattenseiten seiner Erfindung, | **also** die kriegerische Nutzung des Sprengstoffs, | und das stimmte ihn nachdenklich. |

Als Wiedergutmachung richtete er | eine Stiftung ein, die Nobelstiftung. | Mit den Zinsen aus dem Vermögen | sollten Preise für besondere Leistungen und Verdienste, | **vor allem** auf dem Gebiet der Wissenschaft, | finanziert werden. |

Daher wird der Nobelpreis nun seit 1901 | in verschiedenen Kategorien vergeben, | **nämlich** im Bereich der Physik, | Chemie, Medizin, | Literatur und für Friedensbemühungen. | Deutlich später ist noch ein neuer Preis, | der Nobelpreis für Wirtschaftswissenschaften, hinzugekommen. |

Die Preisgelder sind hoch: | Über eine Million Euro | gibt es pro Kategorie, | **und das** sogar steuerfrei.

123 Wörter

* *Die Schreibung sollte vorgegeben werden.*

Übrigens …

haben auch schon viele Deutsche den Nobelpreis bekommen.

Unter ihnen sind der Entdecker der Röntgenstrahlen, Wilhelm Conrad Röntgen (Physiknobelpreis 1901), der ehemalige Bundeskanzler Willy Brandt (Friedensnobelpreis 1971) sowie der Schriftsteller Thomas Mann (Literaturnobelpreis 1929).

Komma bei Infinitiven

Eine **Infinitivgruppe** besteht aus dem Wörtchen **zu** und der **Grundform** eines Verbs: *zu laufen, zu singen*. Bei manchen zusammengesetzten Verben schiebt sich das Wörtchen **zu** zwischen den Infinitiv: *wegzulaufen, vorzusingen.*

- Eine **Infinitivgruppe kann** durch Komma abgetrennt werden.
  → *Lukas weigert sich(,) **zu lernen**.*
  *Alina versucht(,) ihre Eltern von ihrem Plan **zu überzeugen**.*
- Ein Komma **muss** aber gesetzt werden, wenn die Infinitivgruppe durch folgende Wörter **eingeleitet** wird: *als, anstatt, außer, ohne, statt, um.*
  → *Ben kann nichts anderes tun, **als** ihnen **zu vertrauen**.*
  ***Um** sich ein neues Handy leisten **zu können**, arbeitet Lena in den Ferien.*
- Ein Komma **muss** außerdem gesetzt werden, wenn die Infinitivgruppe von einem **Nomen abhängt**.
  → *Er verlor nie die **Hoffnung**, gerettet zu werden.*
  *Deinen **Vorschlag**, heute Abend ins Kino **zu gehen**, finde ich gut.*
- Wenn auf die Infinitivgruppe durch ein Wort **hingewiesen** wird oder sie **wieder aufgenommen** wird, dann **muss** ebenfalls ein Komma stehen.
  → *Ich freue mich **darauf**, am Sonntag **auszuschlafen**.*
  *Einmal mit dem Fallschirm **zu springen**, **davon** träumt Lena schon lange.*

Diktat 135 Essen und Trinken im Mittelalter

LEVEL 2

Im Mittelalter war es üblich(,) | sich von Getreidebrei zu ernähren. | Fleisch zu essen(,) war nicht alltäglich. | Man hielt sich Schweine und Hühner, | **um** sie an Festtagen zu schlachten. | Während der Fastenzeit | beschränkte man sich jedoch **darauf**, | Fisch statt Fleisch zu essen. | Auf die **Idee**, Brot zu backen, | kam man dagegen relativ spät. | Erst ab dem 13. Jahrhundert | fing man **damit** an, | es täglich auf den Tisch zu bringen. |

Anstatt schmutziges Wasser | aus den Brunnen zu trinken, | griffen die Menschen meist zu Bier und Wein. | Das war damals besser, | **als** eine gefährliche Krankheit zu riskieren. | Alkohol hatte nämlich | den **Vorteil**, Keime abzutöten. | Frische Milch zu trinken, | **das** war damals kranken Menschen | und Kleinkindern vorbehalten.

113 Wörter

Diktat 136 Chinesisches Neujahr

LEVEL 3

Anstatt das neue Jahr am 1. Januar zu beginnen, | fällt der chinesische Jahresanfang immer auf den Neumond | zwischen dem 21. Januar und dem 20. Februar. |

Neujahr zu feiern, **das** hat | in China eine wichtige Tradition. | Viele Chinesen freuen sich **darauf**, | Urlaub zu nehmen | und zu ihren Familien zu reisen. | Es gibt nichts Schöneres, | **als** das mehrtägige Fest gemeinsam zu begehen. |

Schon Wochen vorher beginnt man(,) | sich darauf vorzubereiten. | Man sorgt **dafür**, | das Haus gründlich zu fegen, | **um** es von schlechten Erinnerungen zu befreien. | Damit will man vermeiden(,) | böse Gedanken mit ins neue Jahr zu nehmen. |

Daneben versucht man(,) | den Küchengott milde zu stimmen. | Eine **Möglichkeit**, diesen wichtigen Gott zu beeindrucken, | sind süße Kuchen.

Es ist auch eine chinesische **Erfindung**, | ein Feuerwerk zu zünden. | Lärm und Feuer dienen **dazu**, | böse Geister zu vertreiben. | Daher verbringen die Chinesen kein Neujahr, | **ohne** Raketen und Chinaböller abzufeuern.

143 Wörter

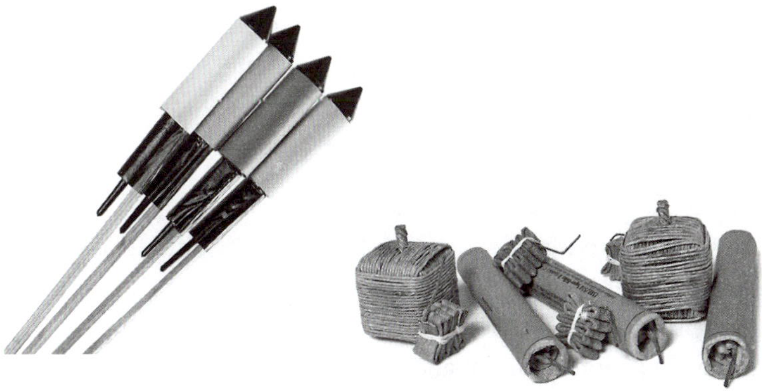

Komma bei Partizipien

Ein **Partizip** ist eine Form des Verbs. Es gibt das **Partizip Präsens** (*laufend, singend*) und das **Partizip Perfekt** (*gelaufen, gesungen*).

- Bei einem **einfachen Partizip** steht kein Komma.
  → ***Gekränkt*** *läuft Marek davon.*
- Wird das Partizip um ein oder mehrere Wörter erweitert, **kann** man die **Partizipgruppe** durch ein Komma vom Rest des Satzes abtrennen.
  → ***Vor Furcht zitternd(,)*** *versteckte Leo sich.*
  Gut vorbereitet(,) *stellt sich Sarina dem Wettbewerb.*
- Wird das erweiterte Partizip **nachgetragen** oder **wieder aufgenommen**, dann **muss** ein Komma gesetzt werden.
  → *Eva und Maria,* ***sich vorsichtig anschleichend,*** *erschreckten Peter.*
  Sich vorsichtig anschleichend, so *erschreckten sie Peter.*

Diktat 137 Der Elefantenrüsselfisch

LEVEL 3

In den Flüssen Westafrikas gut versteckt(,) | lebt der Elefantenrüsselfisch. | Mit seiner Schwanzflosse | elektrische Signale aussendend, | **so** orientiert er sich | im trüben Wasser und bei Dunkelheit. | Von einem Messgerät aufgenommen(,) | hört man die Stromstöße als leises Knattern. |

Der Fisch, mit zahlreichen Sensoren ausgestattet, | kann kleinste Veränderungen | im elektrischen Feld wahrnehmen. | Auf diese Weise bestens gerüstet(,) | findet er problemlos Nahrung. | Elektrische Impulse erzeugend, | **nach diesem Prinzip** funktioniert auch | die Kommunikation der Fische untereinander. |

Gemessen an seiner Körpergröße(,) hat der Elefantenrüsselfisch | ein größeres Gehirn als der Mensch. | Dieses große Gehirn, eigentlich gedacht | für die Verarbeitung der elektrischen Signale, | macht ihn aber auch besonders schlau(,) | verglichen mit anderen Fischen.

105 Wörter

Alle Satzzeichen

Diktat 138 Wertvolle Bücher

LEVEL 1

Die Lehrerin erklärt, | **dass** Bücher früher sehr kostbar waren. | Sie waren nicht alltäglich, | **sondern** nur für Bischöfe, | Könige **sowie** Fürsten bestimmt. |

Damals schrieb man die Bücher noch von Hand, | **deshalb** gab es jedes Buch nur ein Mal*. | Meist waren sie reich verziert, | **und zwar** mit Gold. | Das Material, **auf dem** geschrieben wurde, war teuer. |

Bevor es Papier gab, | verwendete man hochwertiges, beständiges Pergament. | Man fertigte es aus Tierhäuten, | **die** man vom Fell befreite, | trocknete **und** glättete. | Die Häute nahm man | **teils** von Schafen **oder** Ziegen, | **teils** von Kälbern. |

„Wie hatte denn ein ganzes Buch | auf einer Tierhaut Platz?“, | wundert sich Lena. | Julian lacht: „Gute Frage!“ | „Um die Bibel abzuschreiben“, | veranschaulicht die Lehrerin, | „brauchte man etwa 500 Schafe.“

115 Wörter

* *Je nach Betonung auch möglich: einmal.*

Übrigens …

lautet ein bekanntes Sprichwort: Das geht auf keine Kuhhaut!

Damit bringt man zum Ausdruck, dass etwas unerhört ist und jegliches Maß überschreitet. Dieses Sprichwort geht auf die Pergament-Herstellung zurück. Im Mittelalter glaubte man nämlich, dass der Teufel die Sünden eines Menschen auf Pergament notieren würde, um nach dessen Tod über Beweismaterial beim Kampf um die Seele zu verfügen. Wenn es viele Missetaten waren, passten sie nicht einmal auf ein großes Stück Pergament, also auf keine Kuhhaut.

Diktat 139 Tom Sawyer* und die Tante

LEVEL 2

„Wo steckt der Junge, | dieser Bengel, nur wieder? | Warte, **wenn** ich den erwische!“, | rief die Tante. | Die alte Dame suchte das ganze Haus ab, | blickte in jedes Zimmer, | **aber** sie konnte ihn | **weder** sehen **noch** hören. |

Ein plötzliches Geräusch veranlasste sie **dazu**, | die Tür zur Speisekammer zu öffnen. | Dort entdeckte sie Tom, | **und zwar** gerade noch rechtzeitig, | **bevor** er ihre gesamten Vorräte verschlang. |

Sie packte den kleinen, schmächtigen Jungen, | schüttelte ihn heftig **und** schimpfte: | „Frechheit! | Was klebt da um deinen Mund? | Ist das etwa meine Marmelade?“ |

Schon griff sie nach dem Stock, | **der** an der Wand lehnte. | **Als** sie ihm gerade | eine Tracht Prügel verpassen wollte, | schrie der Junge: | „Sieh doch mal hinter dich!“ |

Bis ins Mark erschrocken(,) | fuhr die Tante herum, | **um** nachzusehen, **ob** jemand hinter ihr stand. | Der Junge nutzte die Gelegenheit, | lief zur Tür hinaus | **und** kletterte über den hohen Bretterzaun. | Er rannte so schnell er konnte, | **ohne** sich noch einmal umzudrehen.

(Frei nach: Mark Twain, Tom Sawyers Abenteuer und Streiche)

155 Wörter

* *Die Schreibung sollte vorgegeben werden.*

Diktat 140 Durchgefallen!

LEVEL 3

Schon die Eisenbahnfahrt nach Fernow*, | unserem Landsitz, war so trostlos, | **wie** ich es erwartet hatte. | Es begann(,) zu regnen. | Es war ein leichter, feiner, **aber** andauernder Regen, | **der** das Ende des Sommers ankündigte. |

Wir waren allein im Abteil, | mein Vater und ich. | Er sprach nicht mit mir, | er beachtete mich nicht. | Den Kopf gegen die Lehne gestützt(,) | schloss er die Augen. | **Einerseits** war ich froh über die Ruhe, | **andererseits** kränkte er mich mit seiner Abweisung. | **Wenn** er manchmal die Augenlider aufschlug | **und** mich ansah, | dann zog er die Augenbrauen empor, | **was** ein Zeichen der Verachtung war. |

Ich saß ihm gegenüber, | streckte meine Beine aus | **und** hing meinen Gedanken nach. | Ich fühlte mich klein, elend. | „Warum war ich bloß im Abitur durchgefallen?“, | fragte ich mich. | Ich zerbrach mir den Kopf, | fand **aber** keine Antwort. | „Du bist faul!“, | wäre die Erklärung meines Vaters gewesen, | **doch** das stimmte nicht. |

Statt mit den anderen, | meiner Mutter und den Geschwistern, | am Meer schöne, angenehme Ferien zu verbringen, | musste ich nun mit meinem Vater allein nach Fernow. | Ich sollte dort lernen, | **während** er seine Rechnungen abschloss | **und** die Ernte überwachte.

(Frei nach: Eduard Graf von Keyserling, Schwüle Tage)

184 Wörter

* *Die Schreibung sollte vorgegeben werden.*

Alles in einem Diktat

In allen bisherigen Diktaten stand immer nur ein ganz bestimmtes Rechtschreibproblem im Mittelpunkt, beispielsweise die Groß- und Kleinschreibung, die Dehnung der Vokale oder die Zeichensetzung.

Mit den folgenden Diktaten kannst du die **Rechtschreibbereiche** nun **gemischt** üben. Das ist ein wenig anspruchsvoller, weil du dafür eine Vielzahl von Regeln beherrschen solltest. Wenn du aber die einzelnen Kapitel gründlich durchgearbeitet hast, bist du bestens gerüstet!

Hinweis: Die **Satzzeichen** werden bei diesen Diktaten **nicht diktiert**.

Alle Rechtschreibbereiche

Diktat 141 Waschen ohne Badezimmer

LEVEL 1

Das Waschen war für unsere Vorfahren | nur eingeschränkt möglich, | weil man jeden Liter Wasser | vom Brunnen holen musste. | Die Reichen taten sich ein wenig leichter, | denn sie hatten schließlich Diener. |

Wenn man das Wasser endlich im Haus hatte, | stand man vor einem neuen Problem: | Wie bekam man es warm? | Du weißt bestimmt aus eigener Erfahrung, | dass eine eiskalte Dusche | wirklich keinen Spaß macht. |

In vielen Wohnungen | gab es kein Badezimmer. | Deshalb ging man in öffentliche Badehäuser, | in denen man gegen Gebühr | ein Bad nehmen konnte. | Weil das teuer war, | entschied man sich meist | lieber für einen strengen Geruch.

98 Wörter

Diktat 142 Ein böser Brief

LEVEL 1

Lena kam es seltsam vor, | als Anna im Bus | nicht neben ihr Platz nahm. | Auch beim Aussteigen schnitt ihre Freundin sie. |

„Was ist denn los?“, fragte Lena. | Anna zeigte ihr einen kleinen, zerknitterten Zettel, | auf dem stand: | „Du bist nicht mehr meine Freundin!“ |

„Glaubst du etwa“, | empörte sich Lena, | „dass diese Notiz von mir ist?“ | Sie holte einen Stift aus dem Rucksack | und schrieb den Satz noch einmal darunter. | Ihre Schrift war zwar ähnlich, | doch das F war völlig anders. |

Beschämt stammelte Anna: | „Verzeihst du mir, | dass ich dich verdächtigt habe?“ | Dann schlossen sich die beiden in die Arme.

99 Wörter

Diktat 143 Wildtiere in der Stadt

LEVEL 1

Es ist vielleicht ein bisschen erstaunlich, | aber nichts Ungewöhnliches mehr, | dass in der Stadt | zahlreiche Wildtiere leben. |

Auf dem Grün des Mittelstreifens | sieht man oft Kaninchen | interessiert den Verkehr beobachten. | Manchmal entdeckt man auch einen Fuchs, | der abends über den Spielplatz schnürt. | Die beiden haben sich | ihrer neuen Umgebung eindrucksvoll angepasst. |

Außerdem geschieht es häufig, | dass man einem Steinmarder | über den Weg läuft. | Von Autofahrern hört man über ihn | allerdings wenig Gutes, | denn er zerbeißt mit Vorliebe Bremsschläuche. |

Wenn man am Morgen | durch den Park joggt, | sollte man aufpassen: | Auf einmal könnte ein Wildschwein | aus dem Gebüsch kommen.

98 Wörter

Übrigens ...

leben in Berlin mittlerweile fast 5 000 Wildschweine.

In der Großstadt finden die Tiere reichlich Nahrung. Zudem sind sie dort relativ sicher, denn in Parks können sie sich gut verstecken. Leider richten die Schweine auch großen Schaden an: Gärten und Parks müssen neu bepflanzt werden, Wildunfälle häufen sich auf den Straßen. Daher gilt in der Stadt: Wildtiere niemals füttern – sonst werden es noch mehr!

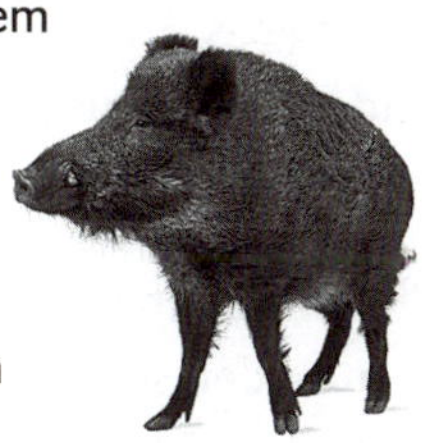

Diktat 144 Hände waschen

LEVEL 2

Viele Krankheiten werden durch Keime übertragen, | die häufig über die Hände weitergereicht werden. | Wir kommen den ganzen Tag über | mit Gegenständen und Menschen in Berührung, | also auch mit zahlreichen Viren und Bakterien. | Da die Erreger von den Händen | leicht in die Schleimhäute | von Augen, Nase und Mund gelangen können, | ist es wichtig(,) | sich regelmäßig die Hände zu waschen. |

Doch das richtige Händewaschen will gelernt sein: | Halten Sie die Hände unter fließendes Wasser, | verreiben Sie die Seife sorgfältig zwischen den Fingern(,) | und spülen Sie die Hände anschließend gründlich ab. | Trocknen Sie sich immer | mit einem frischen Stoff- oder Papierhandtuch ab. |

Versuchen Sie außerdem(,) | die Hände möglichst vom Gesicht fernzuhalten. | So reduzieren Sie die Gefahr, | sich einen Schnupfen oder eine Erkältung einzufangen, | um mehr als die Hälfte.

125 Wörter

Diktat 145 Eine Überraschung im Gewitter

LEVEL 2

Am Donnerstagabend ist mir etwas Sonderbares passiert: | Ich war abends unterwegs, | als es auf einmal zu gewittern begann. | Die Blitze zuckten | und es donnerte grollend. | Ich stellte mich unter ein Dach und sah zu, | wie die Regentropfen auf die Erde fielen. |

Plötzlich kam eine leuchtende Kugel, | die vielleicht zehn Zentimeter | über dem Boden schwebte, | auf mich zu. | Ich erschrak fürchterlich. | Doch genauso schnell | wie dieses strahlende Objekt auftauchte, | war es auch wieder verschwunden. | Ich rannte, als das Gewitter vorbei war, | schnell nach Hause*. | „Du Angsthase“, meinte mein Vater, | „das war bestimmt nur eine Sinnestäuschung!“ |

Mein Physiklehrer, dem ich am nächsten Morgen | von diesem Phänomen erzählte, | widersprach aber meinem Vater. | Er mutmaßte, dass es ein Kugelblitz gewesen sei, | für den die Wissenschaft allerdings | noch keine ausreichende Erklärung gefunden habe.

* *Auch möglich: nachhause. Im Text steht die Duden-Empfehlung.*

128 Wörter

Diktat 146 Die Bananenflanke

LEVEL 2

Unter einer Bananenflanke versteht man im Fußball | einen bestimmten Querpass zum gegnerischen Tor. | Den Namen hat die Flanke | von ihrer gekrümmten Flugbahn. |

Wie aber gelingt dem Fußballspieler ein solcher Schuss? | Statt den Ball frontal zu treffen, | wischt er mit der Innenseite des Fußes | so am Ball vorbei, | dass dieser sich im Fliegen dreht. |

Das Ganze basiert auf dem Prinzip der Strömungsmechanik: | Durch die Drehung fließt die Luft | auf der einen Seite des Balls | schneller vorbei als auf der anderen. | Das bewirkt, dass der Ball zusätzlich Beschleunigung erfährt. | Er schafft so Geschwindigkeiten | von bis zu hundert Stundenkilometern | und rotiert pro Sekunde | etwa achtmal* um die eigene Achse. |

Auch Tennis- und Tischtennisspieler | nutzen im Übrigen diese Technik, | wenn sie dem Ball einen Vorwärtsdrall verleihen.

122 Wörter

** Je nach Betonung auch möglich: acht Mal.*

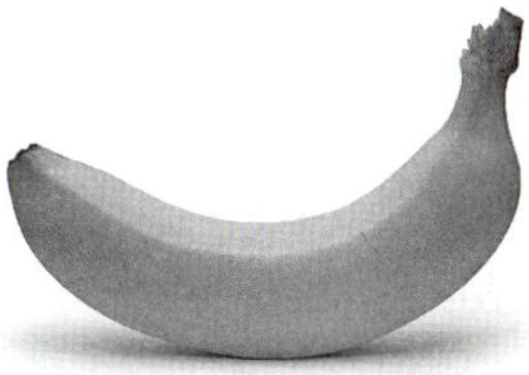

Übrigens …

schlug die besten Bananenflanken Manfred Kaltz.

Ende der 1970er-Jahre wurde der Bundesligaspieler vom Hamburger SV berühmt für seine Bananenflanken auf den Kopf seines Mitspielers Horst Hrubesch. Dieser schilderte ein Tor einmal mit folgenden Worten: „Manni Banane, ich Kopf, Tor.“

Diktat 147 Fleischfressende* Pflanzen

LEVEL 3

Wer von fleischfressenden* Pflanzen hört, | muss keine Angst haben, | beim Waldspaziergang von einem Baum verspeist zu werden. | Diese Gewächse fangen hauptsächlich Insekten, | zum Teil aber auch kleine Amphibien wie Frösche. |

Aufgrund* ihrer tierischen Nahrung | brauchen sie keine nährstoffreichen Böden. | Sie wachsen deshalb eher auf Sand | oder felsigem Grund und in Mooren. | Doch wie fangen sie ihre Beute? |

Einige haben klebrige Fangblätter, | andere* nutzen folgenden Trick: | Wenn eine Fliege die Pflanze berührt, | klappen zwei Blätter zusammen | und schließen das Insekt ein, | das dann verdaut wird. | Rund acht Tage dauert dieser Vorgang, | dann öffnet sich die Klappe von Neuem*. |

Wiederum andere Arten haben Fallen, | die wie eine Reuse gebaut sind. | Das heißt, dass die Opfer hineinkrabbeln können, | aber nicht mehr zurückkommen, | weil sich ihnen Sperrhaare in den Weg stellen. |

Du kannst solche Pflanzen auch zu Hause* halten. | Dazu musst du sie bloß regelmäßig füttern.

142 Wörter

* *Hier sind auch andere Schreibweisen möglich: Fleisch fressende(n); auf Grund; Andere; von neuem; zuhause. Im Text ist jeweils die Duden-Empfehlung angegeben.*

Diktat 148 Pharaonen – Könige oder Götter?

LEVEL 3

Die Könige im Alten Ägypten hießen Pharaonen. | Sie sahen sich als Söhne der Himmelsgottheiten | und verlangten von ihren Untertanen, | dass diese sie auch wie Götter verehrten. |

Dem ägyptischen Herrscher gehörte das ganze Land, | das von den Bauern bewirtschaftet wurde. | Er war auch der alleinige Hohepriester, | der Gottesdienste abhielt. | Außerdem war er der Oberbefehlshaber des Heeres(,) | und er zog mit seinen Soldaten in den Krieg. |

Die Familie eines Pharaos war meist riesig, | da dieser mehrere Frauen hatte. | So soll Ramses der Große | fast hundert Nachkommen gezeugt haben. |

Pharaonen wurden prunkvoll in Pyramiden bestattet, | die von Sklaven in jahrzehntelanger Schwerstarbeit errichtet wurden. | Die Ägypter glaubten an ein Leben nach dem Tod | und daran, dass der Tote | seinen Körper noch einmal benötigen würde. | Daher konservierte man seine Leiche | und gab der Mumie alles mit, | was man im Jenseits zu brauchen glaubte. |

Die wertvollen Grabbeigaben und die Wandmalereien | haben uns viele Informationen über diese Hochkultur beschert.

152 Wörter

Übrigens …

bedeutete das Wort „Pharao“ im Ägyptischen „großes Haus“.

Ursprünglich war „Pharao“ nämlich weder ein Herrschertitel noch ein Eigenname, sondern die Bezeichnung für den königlichen Hof oder Palast. Dass man das Wort für die Person des Herrschenden benutzte, kam erst später auf.

Diktat 149 Es klappert im Handschuhfach

LEVEL 3

„Nicht schon wieder!“, stöhnte Eva. | Das Handschuhfach ihres Autos klapperte so rhythmisch, | als ob darin ein Schlagzeuger sitzen würde. | Sie hatte den Wagen | doch erst letzte Woche zur Reparatur gebracht. |

Ein Verwandter hatte ihr | die Adresse der Werkstatt gegeben. | Detailliert hatte ihr der Mechaniker erklärt, | was defekt gewesen war. | Er hatte zwar keinen hervorragenden Eindruck hinterlassen, | aber sie war dennoch davon ausgegangen, | dass er diese Kleinigkeit beheben könnte. | Das hatte sie hundert Euro gekostet. |

Mittlerweile hörten sich die Geräusche jedoch an, | als ob Billardkugeln aneinanderstießen. | Plötzlich trat Eva so abrupt auf die Bremse, | dass die Reifen quietschten. | Beinahe hätte sie ein Stoppschild übersehen. | Das war sonst gar nicht ihr Fahrstil. | Im gleichen Augenblick schoss eine schwere Maschine vorüber. |

„Noch einmal Glück gehabt“, seufzte Eva erleichtert, | „das wäre todsicher schiefgegangen!“ | Sie sah nach links und nach rechts | und fuhr über die Kreuzung. | Dann lauschte sie: | Vom Handschuhfach war kein Klappern mehr zu vernehmen. | Da grinste Eva, gab Gas | und fuhr fröhlich weiter.

161 Wörter

Diktat 150 Der Siegeszug des Kugelschreibers

LEVEL 3

Wer hat den Kugelschreiber erfunden? | Es war ein Ungar, | und zwar ein Mann namens Biro*. | Daher heißt der Kugelschreiber auf Englisch auch „biro*“. |

Biro entdeckte in den 1930er-Jahren, dass die Tinte, | die für das Drucken von Zeitungen verwendet wurde, | schnell trocknete und deswegen nicht schmierte. | Man konnte sie jedoch nicht | für einen normalen Füller benutzen, | denn die dicke Tinte lief nicht durch die Feder. | Biro überlegte und kam schließlich | auf die einfache, aber geniale Erfindung, | statt der Feder eine Metallkugel zu verwenden, | die sich frei drehte. | Beim Schreiben wurde die Kugel gedreht, | nahm dabei Tinte mit | und übertrug sie auf das Blatt. |

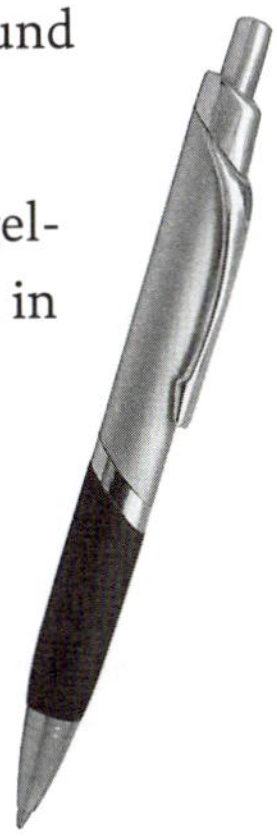

Wenig später erkannte ein britischer Geschäftsmann | im Kugelschreiber das ideale Schreibgerät für Flieger, | da der Stift auch in großen Höhen funktionierte. | Überzeugt von Biros Idee(,) | kaufte er diesem die Patentrechte ab, | gründete die erste Kugelschreiberfabrik der Welt | und startete eine Serienproduktion. | Bald wurden die einfachen, praktischen | sowie preiswerten Schreibgeräte überall populär. |

„Gut gemacht, Herr Biro!“, | kann man da nur sagen.

162 Wörter

* *Die Schreibung sollte vorgegeben werden.*

Bildnachweis

Umschlagbild: © Redaktion; © Gina Sanders/Fotolia.com
S. 1: © Alexander Gatsenko/Dreamstime.com
S. 2: © Spauln/Fotolia.com (oben); © daboost/Fotolia.com (Mitte); © brokenart/sxc.hu (unten)
S. 5: © Linnell Esler/sxc.hu
S. 7: © rupbilder/Fotolia.com
S. 9: © javarman/123RF
S. 11: © Alekss/Fotolia.com
S. 13: © creativeye97/Fotolia.com
S. 14: © Eric Inghels/Dreamstime.com
S. 17: © Zerbor/Fotolia.com
S. 18: © Redaktion
S. 19: © xiquence/Fotolia.com
S. 20: © fotoall/123RF
S. 23: © isselee/123RF
S. 28: © braverabbit/Fotolia.com
S. 30: © drubig-photo/Fotolia.com
S. 32: © Taras Livyy/Fotolia.com
S. 36: © Sandra van der Stehen/Fotolia.com
S. 37: © Gemenacom/Dreamstime.com
S. 38: © mlehmann78/Fotolia.com (Lissabon), © David Franklin/Dreamstime.com (Polaroid)
S. 39: © jjayo/123RF
S. 41: © ginasanders/123RF
S. 43: © Maksym Yemelyanov/Fotolia.com
S. 45: © elnur/123RF
S. 46: © eponaleah/123RF (Bücher); © mikemols/123RF (Stuhl)
S. 51: © alexraths/123RF
S. 53: © Südtiroler Archäologiemuseum/Augustin Ochsenreiter
S. 54: © isselee/123RF
S. 55: © monticellllo/Fotolia.com
S. 57: © shutter999/123RF
S. 58: © bilderbox/Fotolia.com
S. 61: © tournee/Fotolia.com
S. 62: Wikimedia Commons
S. 64: © Ivonne Wierink/Dreamstime.com
S. 66: Wikimedia Commons
S. 67: © Mackon/Dreamstime.com
S. 68: http://www.pachd.com/free-images/
S. 71: © Jonny Abbas/Dreamstime.com
S. 72: © npps48/Fotolia.com
S. 73: © Nickolay Khoroshkov/Fotolia.com
S. 74: © Daruda/Dreamstime.com
S. 77: © Redaktion
S. 78: © Jonas Glaubitz/Fotolia.com
S. 79: © Eric Isselée/Fotolia.com (Schlange); © Alekss/Fotolia.com (Biene)
S. 80: © Alex Kalmbach/Dreamstime.com
S. 82: © Birgit Reitz-Hofmann/Fotolia.com
S. 83: © isselee/123RF
S. 84: © Marion Wear/Dreamstime.com
S. 85: © Helmut Niklas/Fotolia.com
S. 88: Wikimedia Commons
S. 89: © VRD/Fotolia.com
S. 90: © iscanderon/123RF
S. 91: © Birgit Reitz-Hofmann/Fotolia.com
S. 92: © DenisNata/Fotolia.com
S. 93: © Eric Isselée/Dreamstime.com
S. 95: © Romanenko Alexey/Fotolia.com

S. 97: © seen/Fotolia.com
S. 101: © HaywireMedia/Fotolia.com
S. 102: © Eric Isselée/Fotolia.com
S. 104: © Eric Isselée/Fotolia.com
S. 107: © VRD/Fotolia.com
S. 110: © Birgit Reitz-Hofmann/Fotolia.com
S. 114: © Erick Skydive/Fotolia.com
S. 116: © Andrew K./Dreamstime.com
S. 119: © vladislav_m/123RF
S. 120: © alanmc67/Fotolia.com
S. 122: © by-studio/Fotolia.com
S. 125: © michaeljayfoto/123RF
S. 129: © Bombaert Patrick/Fotolia.com (Fahrrad); © Redaktion (Sack)
S. 133: © Ukrphoto/Dreamstime.com (Zelt); © Danicek/Fotolia.com (Schlafsack); © Feng Yu/Dreamstime.com (Isomatte)
S. 134: © daffodilred/Fotolia.com
S. 135: © Yoyoshot/Dreamstime.com
S. 137: © Jason Stitt/Dreamstime.com
S. 138: © F.Schmidt/Fotolia.com
S. 139: © Andreas Meyer/Fotolia.com
S. 142: Wikimedia Commons
S. 143: Wikimedia Commons
S. 145: © Patryk Kosmider/Fotolia.com (Raketen); © RRF/Fotolia.com (Chinaböller)
S. 146: Wikimedia Commons
S. 151: © Denis Pepin/Fotolia.com
S. 152: © Schlierner/Fotolia.com
S. 153: © Eric Isselée/Fotolia.com
S. 155: © Davide Guglielmo/www.sxc.hu
S. 156: © Winne/Fotolia.com
S. 157: © markus_marb/Fotolia.com
S. 159: © sxc.hu

Textquellenverzeichnis

Diktat 17: Ursula Böhm, Olga-Louise Dommel, Simone Wichert: „Natur-Rekorde – Höher, größer und tiefer“, 20. 07. 2011, Bayerischer Rundfunk, im Internet unter: http://www.br-online.de/kinder/fragen-verstehen/wissen/2007/01909/

Diktat 65: Anne Buchholz: „Trampeltier – Zwei Höcker in der Wüste“, 10. 04. 2013, Bayerischer Rundfunk, im Internet unter: http://www.br-online.de/kinder/fragen-verstehen/wissen/2013/03775/

Zum Weiterlesen empfehlen wir das Wissens-Lexikon der BR-Kinderinsel, im Internet unter: http://www.br-online.de/kinder/fragen-verstehen/wissen/

Nachweis für Tondokumente

Alle Diktate: © Redaktion; Sprecher: Carolin Graml, Frauke Jäckel, Peter Wöhrle, Vera Fiebig, Kirstin Frieden